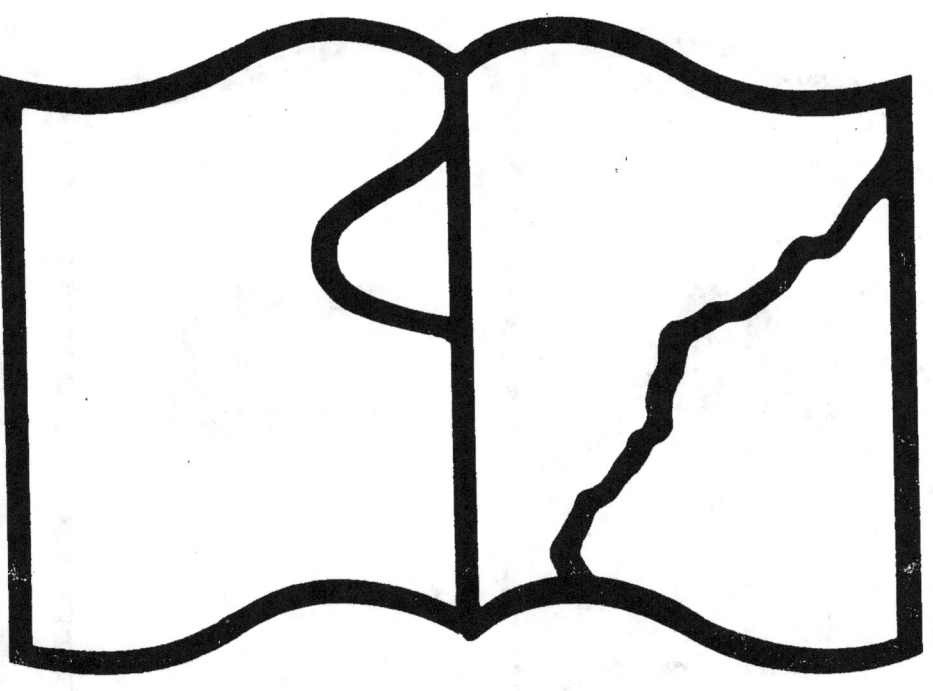

Texte détérioré — reliure défectueuse

NF Z 43-120-11

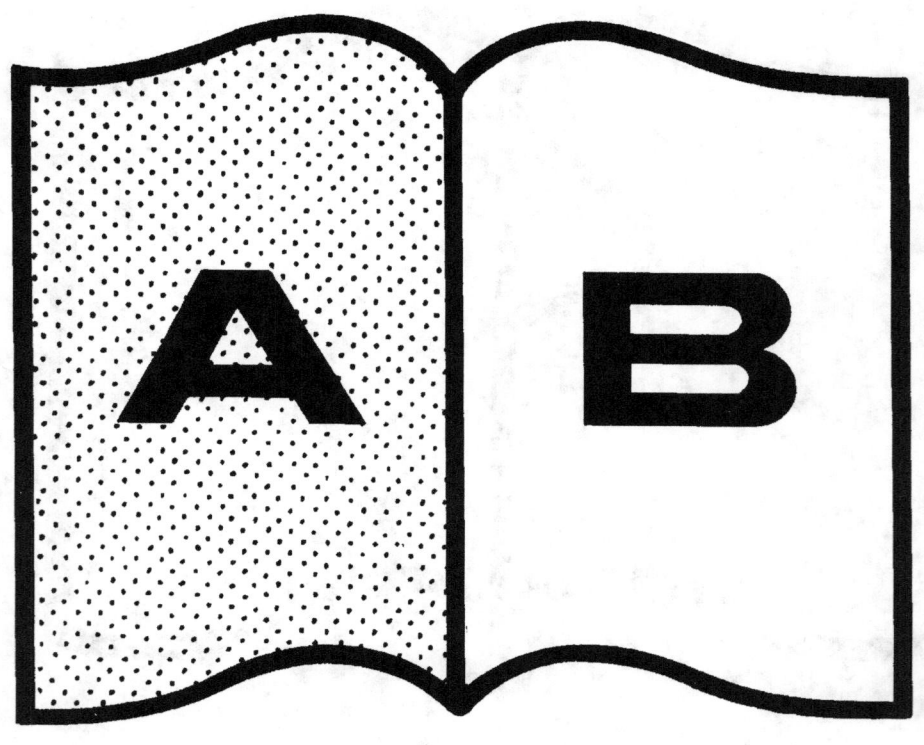

Contraste insuffisant
NF Z 43-120-14

INVENTAIRE
V 9280

Essai Général
de fortification
tome 4

V 9280

**HORS D'USAGE
NE PAS COMMUNIQUER**

ESSAI GÉNÉRAL
DE FORTIFICATION,
ET
D'ATTAQUE ET DÉFENSE
DES PLACES;

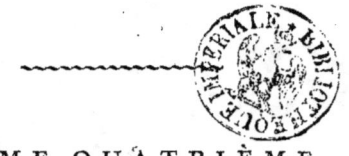

TOME QUATRIÈME.

V. 1543.
8. B.

9280

DES TENTATIVES A FAIRE

POUR PERFECTIONNER

L'ART DE FORTIFIER LES PLACES,

ET QUELQUES IDÉES

SUR LE RELIEF ET LE COMMANDEMENT

DES FORTIFICATIONS;

*Pour servir de complément et de suite à l'*Essai général de fortification et d'attaque et défense des places.

Par M. DE BOUSMARD,

Major au Corps des Ingénieurs de S. M. le Roi de Prusse.

Tentare non nocet.

A PARIS,

Chez MAGIMEL, Libraire pour l'art militaire, Quai des Augustins, n.° 73.

AN XII.

AVERTISSEMENT.

Désirant compléter, autant qu'il m'a été possible, mon *Essai de Fortification et d'attaque & défense des Places*, j'ai cru devoir offrir au public quelques additions qui m'ont paru pouvoir faire suite à cet ouvrage.

La première de ces additions, qui a pour titre, *Des tentatives à faire pour perfectionner l'art de fortifier les places*, formoit, dès le temps de la composition de l'*Essai général*, une de ses parties essentielles; elle en formoit le livre V, & il est bon qu'on le sache, pour qu'on ne confonde pas cette partie de mon ouvrage avec ce qu'on appelle *un système de fortification*.

Qu'est-ce en effet qu'un système de fortification, sinon une combinaison nouvelle d'angles & de lignes, de remparts & de fossés, imaginée pour faire valoir quelque idée favorite de l'auteur, qui d'ordinaire s'embarrasse peu d'y sacrifier tout le reste? Ici, au contraire, je n'ai point eu d'idée favorite à faire prévaloir; je n'ai eu d'autre but que de rechercher & de découvrir les défauts de la fortification actuelle, & de trouver & d'indiquer les remèdes qu'on pourroit y apporter. A mesure que je notois un défaut de cette fortification, à mesure que j'en indiquois le remède, il naissoit un changement de figure ou de position à quelqu'une de ses parties, & le raccordement de toutes ces parties changées, fait de manière que ce que gagnoit l'une ne nuisît point à l'autre, a produit un ensemble qui, quoique dérivé de la fortification actuelle & y portant comme sur sa base, pourra cependant paroître en différer assez pour mériter le nom de *système*. Au reste le nom ne fait rien à la chose, & je ne prétends point en disputer: seulement j'avertis que l'on se trompe si l'on entend par là que ce travail soit le développement de quelque idée systématique que j'aie prétendu faire valoir de préférence à tout; car ce n'est autre chose qu'une des branches du plan adopté dans mon *Essai général de fortification*. Dans les autres branches de ce plan j'ai considéré la fortification actuelle dans tous ses rapports d'attaque & de défense, résultant des divers modes sous lesquels elle existe:

dans celle-ci au contraire j'ai cru devoir examiner ce que deviendroient ces rapports si l'on supprimoit de cette fortification ce qu'y voient avec peine tous les bons esprits, & si l'on y suppléoit quelques-unes des propriétés qu'ils paroissent y désirer généralement. Considéré sous ce point de vue, qui est le véritable, ce petit travail, loin d'être systématique ou exclusif d'aucun autre changement à introduire dans la fortification actuelle, n'est que l'essai & l'esquisse de ce qu'on peut faire encore à cet égard; esquisse évidemment susceptible d'être perfectionnée, achevée & remplie par tout ce qu'on y pourra encore ajouter en suivant le même plan, c'est-à-dire, en remédiant aux défauts de la fortification actuelle à mesure qu'on les reconnoîtra, & qu'on les pourra corriger sans en faire naître de nouveaux & sans la dépouiller d'aucune propriété tant soit peu précieuse dont elle soit maintenant en possession. C'est là du moins ce que j'ai tâché de faire, & c'est dans cet esprit que cette esquisse a été tracée. J'invoque la critique des hommes du métier & le jugement du public, pour m'apprendre en quoi je puis m'être trompé; car, encore une fois, qu'est-ce qu'un homme & l'intérêt de sa vanité auprès de celui des progrès d'un art utile ?

Quant au fecond morceau, bien moins confidérable encore à tous égards que le premier, ce ne font réellement que quelques idées jetées fur le papier, fans autre prétention que de tâcher de réparer l'omiffion qu'on reprochoit à l'*Effai général de fortification* d'une ou, fi l'on veut, de deux parties auffi effentielles que le relief & le commandement de la fortification. J'aurois pu dire pour ma juftification, qu'expofant, partout où je rendois compte de quelque tracé de fortification, les rapports de hauteur de toutes fes parties entre elles, je croyois avoir donné leur relief & leur commandement les unes fur les autres : j'aurois pu dire qu'ayant, dès le premier chapitre de mon ouvrage, expliqué *le comment* & *le pourquoi* du relief & du commandement tant du corps de place fur la demi-lune que de l'un & de l'autre fur le chemin couvert, & qu'y ayant furtout difcuté & réglé le relief de la tenaille, &, à l'article des contre-gardes, celui de cette autre efpèce d'ouvrages, il devenoit facile, d'après ces exemples, de raifonner de même le relief & le commandement des autres pièces de fortification : j'aurois pu dire, enfin, que dans ce livre V, fait alors en entier, mais qu'il m'avoit jufqu'ici été interdit de publier, j'avois donné à la fortification que j'avois tenté de perfectionner, le relief & le commandement qui m'avoient paru le mieux concourir à ce but. Si ce n'étoit donc que mon opinion qu'on voulût avoir fur cette matière, ce feroit là qu'on la trouveroit confignée, & cette partie de mon ouvrage paroiffant aujourd'hui, l'omiffion qu'on me reprochoit feroit réparée : mais fi c'étoit une differtation expreffe, un traité dogmatique fur cette matière qu'on me demandât, j'avoue qu'il me refteroit encore à faire. Heureufement que je l'ai trouvé tout fait par mon ancien camarade Noizet de S. Paul, avec cette exactitude & cette précifion jufques dans les moindres détails, qui le caractérifent. Bien difpenfé par là d'un travail confidérable que je n'euffe jamais pu faire auffi bien, j'y renvoie mes lecteurs, & me borne à glaner dans les guérets d'une auffi riche moiffon. Ce font donc ces glanures qui paroiffent ici à la fuite de mes *Tentatives pour perfectionner l'art de fortifier les places*. Peut-être trouvera-t-on que la contagion de ce voifinage les a gagnées & entraînées dans l'innovation & le paradoxe ; c'eft de quoi je ne puis moi-même bien juger : car fi j'en croyois aux épreuves de tout genre que j'ai fait fubir au peu d'idées neuves que j'ofe expofer, je m'en tiendrois plus affuré encore que de toute autre, que j'ai adoptée fouvent foit fur la parole de ceux qui l'ont mife en crédit, ou en vertu de l'ufage qu'on en a fait & qui l'a en quelque forte confacrée. Quoi qu'il en foit, je les expose sans réserve, & les abandonne franchement au jugement du public, persuadé que les arts ne peuvent faire de progrès si ceux qui les cultivent n'osent rien innover & se traînent servilement sur les traces les uns des autres : en un mot c'est à l'art que *tenter ne peut nuire,* car pour l'artiste il n'y a malheureusement toujours que trop à risquer.

PLAN

ET

DIVISION DE L'OUVRAGE.

LIVRE I. *page 1*

Des tentatives à faire pour perfectionner l'art de fortifier les places.

CHAPITRE PREMIER. Des changemens à faire à la conftruction du corps de place. 9

CHAPITRE II. Des changemens à faire aux chemins couvert. 20

CHABITRE III. Des changemens à faire à la conftruction des dehors. 40

CHAPITRE IV. Des changemens à faire à la difpofition des contre-mines. 58

CHAPITRE V. De la manière de mettre les hommmes & les munitions à couvert du feu de l'ennemi. 71

CHAPITRE VI. Attaque & défenfe d'une place ainfi perfectionnée. 84

Journal des opérations de l'affiégé et de l'affiégeant durant le fiége d'une place ainsi perfectionnée. *page* 90

LIVRE II. 158

Quelques idées fur le relief et le commandement de la fortification.

LIVRE I.

Des tentatives à faire pour perfectionner l'art de fortifier les places.

N'y a-t-il pas de la témérité à tenter encore de perfectionner l'art de fortifier les places ? Vauban et Coehorn n'ont-ils pas donné, l'un deux, l'autre trois nouveaux modes de les fortifier, ou syſtèmes de fortification, fort différens de tout ce qui s'étoit pratiqué avant eux ; & n'ont-ils pas l'un et l'autre, dans leurs immenſes travaux pour améliorer d'anciennes places, & même pour en conſtruire de nouvelles, perfectionné la méthode ancienne dans toutes ſes parties ? N'a-t-on pas depuis vu Cormontaingne, choiſiſſant cette méthode ancienne, & la préférant à la fois aux deux derniers ſyſtèmes de Vauban, & aux trois ingénieux ſyſtèmes de Coehorn, trop excluſivement adaptés aux terrains aquatiques, lui reſtituer toute ſa pureté, altérée par l'abandon fait mal à propos des flancs perpendiculaires à leur ligne de défenſe, qu'elle devoit à Pagan, & lui redonner un nouveau luſtre par la beauté de ſes grands ouvrages, & un nouveau mérite par l'entente ſupérieure de tous leurs détails ? Il semble donc qu'il n'y ait plus, dans l'art de fortifier les places, rien à faire, que de choiſir, ſuivant que le terrain à fortifier paroîtra l'indiquer, ou la méthode ancienne perfectionnée par Cormontaingne, ou l'un des deux derniers syſtèmes de Vauban, ou l'un des trois de Coehorn; & c'eſt en effet ce qu'ont fait tous les ingénieurs qui, dans ces derniers temps, ont eu des places à fortifier. Généralement ils ont borné leur gloire à bien adapter au terrain le fond de l'ancienne méthode, dont ils ſe ſont contentés d'enrichir plus ou moins les détails, ſoit de leurs idées, ſoit de ce que la ſituation des terrains qu'ils fortifioient les invitoit à y ajouter.

D'une part cet exemple eſt bien fait pour en impoſer, & de l'autre, le diſcrédit & le mépris où ſont tombés cette foule de ſyſtèmes plus ou moins baroques, enfantés par des hommes auſſi forts d'imagination que foibles d'expérience & ſouvent même de raiſonnement, doivent épouvanter quiconque auroit le malheur de ſe paſſionner pour quelque nouveauté de ce genre. Auſſi depuis long-temps cette démangeaiſon des ſyſtèmes eſt calmée, & ſans Montalembert & ſa manie de tranſplanter dans la fortification les ſabords et les entreponts des vaiſſeaux de guerre, la dernière moitié de ce ſiècle ſe ſeroit écoulée ſans avoir produit un ſeul nouveau ſyſtème capable de faire la moindre ſenſation.

Eſt-ce donc cette ridicule manie que je viens eſſayer de faire revivre? Prétendrai-je que quiconque aura fait avec ſon maître un cours de fortification, dans le Blond, dans Deidier, ou dans tout autre auteur d'élémens de cette ſcience, doive s'eſcrimer de la règle & du compas, juſqu'à ce qu'il nous ait donné un ſyſtème de ſa façon? non aſſurément. Mais ſeroit-il ſi déraiſonnable d'inviter les ingénieurs, qui, par pratique & par théorie, connoiſſent à fond les moyens par leſquels s'attaquent & ſe défendent les places, de les inviter, dis-je, d'en perfectionner la fortification, & de la diſpoſer de manière à ménager aux moyens de la défendre plus d'intenfité, & à préparer à ceux de l'attaquer plus de difficultés & d'obftacles? car telle eft évidemment la feule route à fuivre pour perfectionner cet art important; augmenter d'une part les difficultés de l'attaque, & de l'autre, les avantages & les facilités de la défenfe. Je dis *les avantages & les facilités*, & non le nombre des canons à entaffer fur les ouvrages pour opérer cette défenfe; car nous avons vu dans les premières parties de cet ouvrage avec quelle économie devoit être fervi un nombre affez modéré de bouches à feu, pour qu'il devînt poffible de raffembler & de mettre à couvert dans une place de médiocre étendue les munitions de guerre & les hommes néceffaires à ce fervice, ainfi que les vivres & les autres objets de confommation néceffaires à ces hommes. Je crois me fouvenir que Montalembert s'extafie fur la force qu'il a fu donner à ce qu'il appelle fon *fort royal* (dont le poligone eft, fi je ne me trompe, un carré), en parvenant à faire concourir à la défenfe de l'un des fronts quelconque de ce fort, jufqu'à 1024 pièces de canon : eh bien! il n'eft arrivé là à Montalembert que ce qui arrive & arrivera toujours à ceux qui veulent faire de la fortification, fans favoir le premier mot de l'art de l'attaquer & de la défendre. L'un a entendu dire que c'eft furtout le canon qui défend les places, & il en entaffe par étages multipliés des milliers fur un front de fortification : l'autre fait vaguement que ce font la moufqueterie & les chicanes de l'intérieur des ouvrages, qui en rendent l'attaque meurtrière & la défenfe opiniâtre; & il ne fait pas un ouvrage qu'il ne le partage en tout fens par des coupures, qui en réduifent à rien l'efpace intérieur, & dont la défenfe morcelée & compliquée venant à manquer quelque part dans les détails, réduit à rien l'effet de l'enfemble. Si donc vous voulez éviter la route qui en a égaré tant d'autres, gardez-vous de travailler fur des principes vagues, & apprenez l'attaque & la défenfe des places, avant que de vouloir compofer de la fortification (1). Puis voyez comment vous pouvez être attaqué, & cherchez quelle difpofition vous donnerez à vos ouvrages pour augmenter les difficultés de cette attaque. Vous faurez comment vous pouvez vous défendre; vous chercherez également quelle difpofition devroient avoir vos ouvrages pour augmenter l'effet de votre défenfe; et furtout ne perdez pas de vue que ce n'eft pas en outrant dans vos ouvrages le nombre des hommes & des canons que vous atteindrez à la folution du problème, mais en donnant au nombre modéré d'hommes & de canons dont il eft raifonnable que vous foyez pourvu, une difpofition & des directions telles qu'en dérobant le plus poffible les uns & les autres aux effets du feu des attaques, les effets de leur feu fur ces mêmes attaques en foient augmentés & facilités.

Il y a d'ailleurs une confidération bien fimple, qui ne me permet pas de douter qu'en fuivant cette route, qui eft évidemment la vraie, on n'arrive tôt ou tard à quelque grand réfultat: c'eft que cette route n'a réellement encore été fuivie

---

(1) Je conviens que c'eft là dire en d'autres termes, *apprenez à lire avant que de vouloir écrire*; mais ce confeil, qui ne feroit pas toujours déplacé en littérature, ne l'eft prefque jamais en fortification : car, de plus de mille auteurs qui en ont écrit, & qui en ont fait des fyftèmes, il n'y en a pas quatre peut-être (au moins n'en connois-je que trois, Vauban, Coehorn & Cormontaingne), qui aient fu l'attaque & la défenfe des places, qui eft évidemment le livre dans lequel doit favoir lire quiconque entreprend de compofer de la fortification,

jufqu'au bout par perfonne. Coehorn qui s'y étoit engagé d'abord, s'en eft malheureufement détourné dès l'entrée, pour fuivre un fentier qui ne l'a conduit que vers les places aquatiques, & lui a fait manquer la découverte de tout le refte. Vauban, récemment inventeur du ricochet, & témoin des ravages caufés par la multiplicité des grenades & des bombes qu'employoient les alliés aux attaques de nos places, fe borna à dérober à ce ricochet une feconde enceinte, couverte en entier par une première, toute d'ouvrages détachés; & à mettre à l'abri des bombes, dans des batteries fouterraines, quelques pièces de canon pour défendre la brèche. Il chercha cependant encore à rendre les logemens de l'ennemi fur fes ouvrages détachés, fi difficiles que celui-ci fût forcé d'y faire, tant par le canon que par la mine, une trouée pour s'exempter de faire ces logemens, & parvenir ainfi, fans leur fecours, à faire brèche au corps de place.

Cormontaingne crut l'ancienne fortification, celle du tracé de Pagan furtout, fupérieure aux deux derniers fyftèmes de Vauban, & n'adopta de ceux-ci que leurs grandes demi-lunes, qu'il fut rendre plus faillantes, avec leur réduit terraffé, qu'il agrandit également. Au moyen de cet emprunt, ainfi amélioré, & des retranchemens ou réduits qu'il ajouta aux places d'armes rentrantes de fon chemin couvert, il prétendit que l'ancien fyftème l'emportoit en force fur les nouveaux, & qu'il ne leur cédoit que du côté de la dépenfe. Nous croyons avoir fait voir qu'il s'eft trompé, & en rendant juftice à l'effet qu'il a fu tirer de la faillie de fes demi-lunes, furtout dans le cas de la ligne droite, ou d'angles de poligone très-ouverts, nous avons, à notre grand étonnement, nous en convenons, trouvé dans le fyftème des tours baftionnées une fupériorité inconteftable de réfiftance, fur la fortification de la conftruction de Cormontaingne.

Nous ne citons pas, à cet égard, les ingénieurs plus anciens, qui, dans les combinaifons de leurs divers fyftèmes, avoient bien en vue, à la vérité, les difficultés à préparer à l'attaque & les facilités à ménager à la défenfe ; mais ce ne pouvoit être que de l'attaque & de la défenfe telles qu'elles fe pratiquoient alors, & conféquemment fans égard au ricochet & aux parallèles, qui n'exiftoient point encore, & qui maintenant font à peu près tout dans l'attaque des places.

Ce n'eft pas que je prétende nier que les tentatives de Vauban, de Coehorn & même de Cormontaingne n'aient été pour la plupart heureufes ; mais chacun de ces illuftres ingénieurs s'étant contenté de n'améliorer que quelques parties ifolées de notre fortification, leurs fuccès partiels ne font qu'un motif de plus de s'en promettre un plus complet en travaillant fur l'enfemble. Je m'explique & dis : fi, au lieu de mettre, comme Vauban & Coehorn, une enceinte à couvert par une ou deux autres, de quelque nom qu'on veuille les appeler; fi, au lieu de ne fonger, comme Cormontaingne, qu'à allonger la demi-lune, pour placer, au moyen de fa faillie les baftions voifins dans un rentrant ; fi, dis-je, au lieu de ces enceintes redoublées, qui ne doublent pas la défenfe auffi fûrement que la dépenfe, & de ces améliorations partielles & de détail qui déguifent & laiffent fubfifter le vice du fond ; fi, au lieu de tout cela, on envifageoit l'enfemble de la fortification dans fes rapports avec les principes & les méthodes aujourd'hui bien connues de l'attaque, & avec les procédés ufités, & les ressources les mieux constatées de la défense, & qu'on cherchât, sans dévier en quoi que ce soit de cette route directe, quelle nouvelle disposition il faudroit, en vertu de ces principes & de ces méthodes, de ces procédés & de ces ressources, donner 1.° au corps de place, 2.° au chemin couvert, 3.° aux autres dehors, 4.° aux contremines, 5.° enfin, aux moyens de mettre les hommes en repos, & les munitions en réserve à couvert du feu de l'ennemi : si, dis-je, on cherchoit quelle nouvelle disposition il faudroit donner à tout cela, pour enlever à l'assiégeant de ses avantages & conserver à l'assiégé des siens le plus possible ; il y a bien de la vraisemblance qu'on parviendroit à faire, dans l'ensemble de l'art, des découvertes aussi heureuses & tout autrement importantes que celles que Vauban, Coehorn & Cormontaingne ont faites dans quelques-unes de ses parties, & dans ses détails plus ou moins précieux. Mais j'entends qu'on me dit : vous oubliez de demander leur génie : eh ! non, je ne l'oublie pas, & crois fermement qu'on n'obtiendra de succès complet, ou au moins tout celui dont l'entreprise est susceptible, que quand elle sera tentée par un génie égal au leur. C'est ce génie, auquel il faut donc se hâter d'ouvrir la carrière, & d'indiquer la route dont je viens de tracer tant bien que mal l'itinéraire ; & si je me dévoue à y entrer le premier, c'est moins dans le présomptueux empressement d'arriver le premier au but, que dans l'espoir de le montrer de loin à ce génie heureux destiné à fixer le bel art de la fortification, & auquel il est réservé d'en poser un jour les limites. Quant à moi, qui depuis long-temps, & à mesure que ce livre m'attache de plus en plus à sa composition, m'oublie moi-même pour ne songer qu'au lecteur que j'ai pris l'engagement d'éclairer, ne fût-ce que par mes fautes, qui au moins lui fignaleront les écueils qu'il devra éviter; ce n'eft point en aveugle que je brave les dangers que je cours en hafardant des innovations dans une matière où les hommes du métier femblent avoir fait la convention tacite de fe les interdire. Je dois donc m'attendre à en être traité fans ménagement, à voir relever foigneufement mes moindres torts, & contefter opiniâtrement le moindre mérite à mes découvertes, fi je fuis affez heureux pour en faire. Je n'ai donc, quoi qu'il arrive, qu'à perdre à tout ceci; mais, en revanche, l'art n'a qu'à y gagner. Je ne balance donc plus, & déjà je regrette d'avoir autant perdu de temps à parler de moi.

CHAPITRE

CHAPITRE I.

Des changemens à faire à la conſtruction du corps de place.

Lors de la découverte du ricochet, ou pour mieux dire, de l'emploi qui s'en fit avec tant de ſuccès à l'attaque des places, il n'y eut perſonne ſans doute qui ne dût s'attendre à voir changer toute la fortification, conſtruite dans la vue de réſiſter à un tout autre effet du canon. Cependant elle eſt reſtée eſſentiellement la même qu'avant cet événement ſi intéreſſant pour elle; toujours formée de longues lignes droites, dont les prolongemens faciles à ſaiſir de la campagne lui aſſurent le tribut complet de toutes les batteries de l'aſſiégeant, & la font parcourir aux boulets de ce dernier, partout où il lui importe qu'ils parviennent, avec une juſteſſe preſque auſſi aſſurée de nuit que de jour.

Ce n'eſt pas que nulle part la puiſſance du ricochet ſoit méconnue, & qu'on ne lui rende partout un conſtant & légitime hommage; car, depuis la découverte de ſes effets, chaque conſtructeur de fortification s'efforce d'y dérober les faces de ſes ouvrages, en les diſpoſant, autant qu'il peut, de manière que les prolongemens de la plupart d'entr'elles tombent, à la diſtance où s'établiſſent les batteries à ricochet, dans des terrains où il ſoit impoſſible d'aſſeoir du canon, tels que le lit de quelque rivière, un étang ou flaque d'eau, le ſol de quelque marais, le fond de quelque vallée, ou la pente eſcarpée de quelque hauteur.

Il semble donc que ce ne soit qu'à l'aide des propriétés du terrain que l'ingénieur habile puisse venir au secours de cette fortification, qui, inventée avant la découverte du ricochet, n'a, dans les conditions de son tracé, rien de relatif à cette manière la plus efficace d'employer le canon à l'attaque des places ; & qu'on ait jusqu'ici généralement désespéré de tirer du fond même de cette fortification, des remèdes adaptés à la nature d'un mal qu'on ne soupçonnoit pas lorsqu'elle prit naissance, & contre lequel on ne put par conséquent songer alors à la prémunir.

Il y a cependant eu déjà un premier pas de fait dans cette carrière, avec un succès qui eût dû engager à en tenter d'autres : il est dû à Cormontaingne. Ce célèbre ingénieur sentit combien étoit précaire la ressource de sauver à l'aide des irrégularités du terrain, le vice radical incohérent à notre ancienne fortification, & eut lieu de se convaincre, dans l'occasion la plus importante, de l'insuffisance de cette ressource dans la plupart des cas. Il eut à couvrir les ponts de Metz sur la Moselle par un grand ouvrage, dont le site et les environs formant une plaine unie, ne lui permettoient pas de songer à en mettre les diverses parties à l'abri du ricochet à l'aide du terrain. Il fut donc forcé de chercher dans la disposition propre et intrinsèque, si je puis m'exprimer ainsi, de sa fortification, les moyens d'en dérober à ce redoutable ricochet les parties les plus importantes, les faces de ses bastions, & c'est à quoi il parvint en faisant l'angle flanqué de ceux-ci fort obtus, au moyen de ce qu'il prit une portion de poligone d'un très-grand nombre de côtés, pour la fortifier, et de ce qu'il agrandit assez ses demi-lunes pour qu'elles interceptassent par leur saillie, les prolongemens des faces de ſes baſtions. On eut donc dès-lors une méthode pour mettre à l'abri du ricochet les faces des baſtions, quand ceux-ci appartenoient ou à la ligne droite, ou à des poligones d'un très-grand nombre de côtés; car il ne falloit pas que ces poligones en euſſent moins de quarante, pour profiter de la ſaillie fixée par Cormontaingne à ſa demi-lune.

Mais cette méthode, évidemment précieuſe pour diſpoſer le tracé de quelque grand ouvrage extérieur, ou de quelque portion plus ou moins conſidérable de l'enceinte d'une grande place, a le défaut éminent de n'être pas générale, & de ne pouvoir être appliquée à l'enceinte entière d'une place, même de la plus grande; car aucune en Europe n'a un contour régulier de 40 côtés. Ses avantages inconteſtables dans les cas aſſez rares où elle peut être employée, ne ſont donc qu'un motif de plus d'en chercher *une générale & applicable à tous les poligones quel que ſoit le nombre de leurs côtés ; de diſpoſer le tracé de la fortification de manière que par lui-même & indépendamment des accidens du terrain, il en dérobe toutes les parties à l'enfilade et à l'action du ricochet.* Et ce problème, que je m'étois proposé dès le début de cet ouvrage, & dont dès-lors j'entrevoyois l'utile ſolution ; ce problème que dès-lors il ne m'a pas été poſſible de perdre de vue, je crois être maintenant en état de le réſoudre d'une manière paſſablement ſatisfaiſante. On va en juger.

Soit le tracé d'un front de fortification du premier ſyſtème Pl. 58. de Vauban. Je ne retranche point, comme Cormontaingne, de fig. 1. ſes flancs, cette partie de leur parapet qui eſt en arrière de la ligne de défenſe, parce que mon projet eſt de la faire ſervir comme les autres à la défenſe du foſſé & du chemin couvert.

Le reste de la ligne de crête de parapet du flanc, je le divise par parties de trois toises de longueur, à partir du point de rencontre de cette crête avec la ligne de défense, & à finir vers l'angle d'épaule, où la dernière partie se trouve avoir quelque chose de plus que trois toises. Je fais ensuite ce raisonnement.

Si, au lieu de laisser en ligne droite d'un bout à l'autre la face défendue par le flanc que je viens de diviser, en sorte qu'elle soit rasée dans toute sa longueur par la pièce de canon occupant la première division de ce flanc, je brise ou courbe cette même face, de manière que, sa première partie étant toujours rasée par la même pièce de canon, les autres le soient successivement, chacune par une pièce de canon occupant l'une des autres divisions de ce flanc; il est clair que la totalité de cette face ne sera pas moins complétement rasée par le canon du flanc, qu'elle ne l'étoit avant que d'être brisée ou courbée, & que, au lieu d'aller se présenter toute entière en ligne droite aux ricochets de l'assiégeant, elle s'y dérobera en ligne courbe, & rentrant d'autant plus vers l'intérieur de la place qu'elle approchera davantage de la capitale du bastion, jusqu'à finir par l'atteindre. Chacun peut exécuter comme il voudra cette opération de la brisure ou courbure de la face, & celle de la courbure subséquente du flanc, pour en rendre toutes les parties perpendiculaires, chacune à la partie de face qu'elle défend respectivement. Quant à moi, voici comment je les fais l'une & l'autre.

Je divise la face, à sa ligne magistrale, en autant de parties que l'est déjà cette portion de la crête du parapet du flanc destiné à la défendre, qui se trouve en dehors de la ligne de défense ; mais, au lieu de faire ces parties égales entre elles, je les fais croissantes, en allant de l'épaule vers l'angle flanqué, dans la raison suivante : 3, 4, 5, 6, 7, 8, 9to, 9to 2^{pi} 7.^{po} Puis, de ce point de division du flanc, qui est à trois toises en avant de la rencontre de ce flanc avec la ligne de défense, je tire par l'angle d'épaule opposé une ligne dont je forme la première partie de ma face courbe, ou pour mieux dire brisée, & je termine cette partie au point où elle est rencontrée par la perpendiculaire abaissée sur elle de l'extrémité de la première division de trois toises de la face en ligne droite. Cela fait, par ce point de rencontre, & par celui de la division suivante du flanc, je tire une ligne qui, terminée par une perpendiculaire abaissée sur elle de l'extrémité de la seconde division de quatre toises de la face droite, formera la seconde partie de ma face courbe. Je continue de même jusqu'à ce que j'arrive au dernier point de division de la ligne de crête de mon flanc, à un peu plus de trois toises de l'épaule de cette même crête, & ce dernier point de division me sert à aligner la dernière partie de ma face courbe, répondant à la fois aux deux dernières parties de la face droite.

Par cette construction j'ai une face courbe, rentrante, en dedans de la face droite d'un bout à l'autre, & de plus en plus vers son extrémité, où cette rentrée est au moins de sept toises mesurées perpendiculairement à la face droite. Pour augmenter encore cette rentrée à la crête du parapet, qui est la ligne à enfiler par les ricochets, je renforce ce parapet d'une toise de plus à l'angle flanqué qu'à l'épaule du bastion, soit en opérant tout le défilement de la face, si elle a du défilement, par l'exhaussement des terres au-dessus de son revêtement tenu à cet effet de niveau (ce qui, en allongeant les talus à mesure qu'ils approchent de l'angle flanqué, les élargit dans la même raison par leur base), soit en épaississant purement le parapet à son sommet, soit enfin par la combinaison de ces deux moyens employés à la fois.

Màis résultera-t-il de là que ma face, étant courbe, ne puisse plus être enfilée par le tir du canon nécessairement en ligne droite ? Quoique cela soit rigoureusement vrai en théorie, je n'ai garde de le prétendre, ou au moins de prétendre à la réalité de cet avantage dans la pratique : car je reconnois de bonne foi qu'il reviendroit au même pour cette face, d'être battue à ricochet par une batterie établie sur le prolongement de sa dernière partie, aboutissant à l'angle flanqué du bastion, laquelle batterie écharperoit à revers le reste de cette face, ou d'être réellement enfilée à l'ordinaire d'un bout à l'autre. Mais je prétends, &, si je ne me trompe, avec raison, que le prolongement de cette dernière partie de la face sera incertain à la vue de l'assiégeant, & difficile à saisir, & que, s'il s'y trompe & se place en dehors de ce prolongement, il ne sera que labourer la plongée de mon parapet, ou tout au plus qu'écharper celui-ci dans ses parties voisines de l'épaule du bastion. Il résultera encore de là que, supposé que l'assiégeant prenne parfaitement ce prolongement, il sera toujours obligé, pour y parvenir, d'embrasser par la parallèle qui soutiendra ses batteries à ricochet, un espace beaucoup plus étendu, & de s'exposer bien davantage à être pris en flanc & en rouage par les ouvrages collatéraux, qu'il ne l'eût fait en prenant le prolongement de la face droite, à laquelle nous avons substitué la nôtre ; ce qui, relativement à ces batteries & à l'extension des travaux de l'affiégeant, rend la défenfe de nos poligones du dernier ordre, même du pentagone & du carré, de même valeur que celle des poligones de l'ordre le plus élevé, dans les autres fyftèmes.

Mais, de ces deux avantages, on voudra peut-être me contefter l'un, comme précaire & dépendant du défaut d'adreffe ou de perfpicacité de l'affiégeant, & ne pas trouver l'autre affez confidérable pour mériter qu'on faffe en fa faveur une innovation qui, à d'autres égards, pourra paroître avoir des inconvéniens. Je me hâte donc d'articuler l'avantage affuré & inconteftable de cette courbure des faces des baftions : c'eft de rendre l'angle flanqué de ceux-ci affez obtus pour que le prolongement de la dernière partie de leurs faces, de celle qu'il faut faifir pour battre avec fuccès ces faces à ricochet, foit intercepté par la faillie des demi-lunes collatérales, & que, par conféquent, ce prolongement ne puiffe plus être pris pour y établir ce ricochet, qu'il importe tant à l'affiégé d'éviter ; en forte que ce que Cormontaingne n'atteignoit qu'à peine par fa méthode, dans les poligones réguliers de quarante côtés, je l'obtiens fans effort par la mienne, dès l'octogone, comme on peut le voir planche 59, & que j'y parviens même encore à l'heptagone en forçant, à la vérité, un peu de moyens. Il n'y a donc que l'hexagone & au-deffous, où je fois obligé de me contenter des feuls avantages que la courbure, ou rentrée des faces, donne par elle-même contre l'établiffement du ricochet, fans pouvoir y rien ajouter par la faillie de la demi-lune, qu'il m'eft impoffible de pouffer jufqu'au point de pouvoir, dans ces poligones du dernier ordre, intercepter les prolongemens des faces des baftions.

Pl. 59.

Maintenant, pour courber le flanc de manière à ce que chacune de ses parties devienne perpendiculaire à la partie de face courbe qu'elle défend, je tire de l'angle d'épaule de ladite face une ligne au point où la crête du parapet du flanc rencontre celle du parapet de la courtine, & de ce point j'élève perpendiculairement à cette ligne la première partie de la crête du parapet de mon flanc courbe. Du point où cette première partie rencontre la ligne de défense, je tire la seconde partie de la crête du parapet du flanc, perpendiculaire à cette ligne de défense, & successivement les autres parties de crête du parapet de ce flanc, perpendiculaires chacune au prolongement de chacune des parties successives de la face courbe. De cette manière il n'y aura pas un coup tiré perpendiculairement de ce flanc, qui n'aille raser la face quelque part, & de là défendre le fossé, où il y aura dans l'endroit où s'en fait le passage par l'assiégeant, une gerbe de feu formée de tous les coups tirés de ce flanc, sans qu'il s'en égare aucun. La seule objection faisable contre cette construction, qu'il me soit donné de prévoir, c'est qu'il n'y aura à ce flanc qu'une, ou tout au plus deux pièces de canon, qui verront la brèche supposée faite à la dernière partie de la face, aboutissant à l'angle flanqué, tandis que, par la construction ordinaire, elle seroit vue à revers de la plus grande partie de ce flanc. A cela, je réponds que, dans la brèche, on est toujours couvert du revers du flanc opposé, par le profil même de cette brèche le plus voisin de ce même flanc, & que c'est, en conséquence, toujours joignant ce profil qu'on a soin d'aborder la brèche, en dirigeant là le passage du fossé & son épaulement. Ce n'est donc qu'à l'autre extrémité de cette brèche, là où l'assiégeant

n'a

n'a garde de l'aborder, que ce revers peut s'exercer fur un efpace d'une douzaine de pieds de profondeur, mais dans lequel le feu de l'affiégé n'auroit point d'objet ; parce que, dans le cas où l'affiégeant couronneroit la brèche d'un logement, il auroit foin de le porter de ce côté, au-delà de ce qui eft vu du flanc, & que même fans cela il devroit chercher à le porter jufqu'au parapet de la face voifine pour occuper l'angle flanqué du baftion fi la brèche étoit voifine de cet angle, comme il eft affez ordinaire qu'elle le foit, & comme elle l'eft par fuppofition dans le cas qui nous occupe. On voit donc que l'effentiel à bien voir & à défendre du flanc, n'eft pas la brèche elle-même, mais le paffage de foffé qui y conduit; & notre flanc voit & défend parfaitement ce paffage (1).

(1) Il n'y aura évidemment pas un feul coup de notre flanc qui n'atteigne ce paffage dans quelqu'une de fes parties, & plus de la moitié de la longueur de ce même flanc verra le pied de la brèche, fût-elle ouverte à l'angle flanqué du baftion, & n'eût-elle qu'une douzaine de pieds de longueur de rampe dans le foffé. Il ne manquera donc réellement à notre flanc que ce tir en brèche, que je viens de prouver ne pouvoir fervir à rien, d'après la manière dont on aborde aujourd'hui les brèches & dont on s'y loge ; fans compter que de 20 places qu'on prend, il s'en rend 19 fans qu'il y ait eu de logement fait fur leurs brèches, & quelquefois même fans qu'il y ait eu des brèches. Et ce feroit pour un avantage imaginaire, dans un cas affez rare de la fin de quelques fiéges, que l'on balanceroit à embraffer l'avantage réel à tous les fiéges, dès leur commencement & pendant tout le temps qu'ils durent, de fe mettre à l'abri du ricochet ! C'eft ce que je ne crains point de la part d'hommes qui ont fait ou foutenu des fiéges, ou qui favent comment ils fe font & fe foutiennent Quant à ceux qui, fans favoir l'attaque ni la défenfe des places, n'en croient pas moins favoir la fortification, je ne me flatte pas d'avoir fi bon marché d'eux, déviant ouvertement, comme je le fais, du feul principe de fortification qui foit à leur portée.

Effai général de fortific. T. IV.

J'ai oublié de dire que, pour s'épargner la peine de tracer notre flanc, partie par partie, l'on pourra le faire d'un feul arc de cercle dont le centre fera éloigné de l'angle d'épaule du tracé primitif de Vauban, qui fert de bafe au nôtre, de 15 pieds mefurés perpendiculairement à la ligne de défenfe, & avec l'ouverture de compas qui fe trouvera entre ce point & l'angle de flanc oppofé, pris à la crête du parapet. Cet arc de cercle comprendra toutes les petites perpendiculaires aux diverfes portions de la face, à l'enfemble defquelles (perpendiculaires) on le fubftitue, avec une exactitude fuffifante pour l'effet qu'on en attend, qui eft de rafer la face partout, fi ce n'eft immédiatement joignant l'épaule, où ce raffemblement n'eft nullement important.

On vient de voir l'utilité de la courbure du flanc pour l'avantage de la face; il eft jufte maintenant de dire un mot de l'avantage dont eft cette courbure pour le flanc lui-même. C'eft de le préferver d'être d'un bout à l'autre enfilé par le ricochet, bien moins adoffé, à la vérité, à cette partie de la fortification, dont tout l'effet femble réfervé pour la fin de la défenfe, qu'aux faces qui, dans le commencement, y jouent le principal rôle. Mais il y a une caufe plus vraie qui a préfervé jufqu'ici, fans doute, & qui préfervera peut-être encore long-temps les flancs d'être battus à ricochet; c'eft la difficulté de cheminer en avant fans mafquer ces ricochets une fois établis; c'eft la néceffité où l'on feroit & l'embarras qu'on auroit d'en tranfporter les batteries, de parallèle en parallèle, à mefure qu'on avanceroit.

EXPLICATION
des figures relatives à ce chapitre.

PLANCHE LVIII.

FIG. I. *Changemens faits à la construction du corps de place du premier système de Vauban. Ils consistent:*
1.° *Dans la brisure ou courbure des faces, pour les dérober au ricochet.*
2.° *Dans la courbure des flancs, pour les rendre propres à raser dans toutes leurs parties ces nouvelles faces.*

PLANCHE LIX.

Front d'un octogone fortifié suivant la méthode de l'auteur, où l'on voit que les prolongemens des crêtes de parapet des faces de bastions des fronts voisins viennent ficher dans la demi-lune, qui dérobe conséquemment un prolongement à la vue, & ces faces aux ricochets de l'assiégeant.

N B. *Qu'on peut mieux saisir cet effet combiné de la saillie des demi-lunes & de la courbure des flancs de bastions sur la Planche* LXI, *Fig.* I.

CHAPITRE II.

Des changemens à faire aux chemins couverts.

Un des meilleurs esprits qui aient écrit sur l'art militaire, le général Lloid, regrette vivement que les ingénieurs n'aient pas tenté de rapprocher davantage le chemin couvert du rempart, afin que le feu de celui-ci sur la crête du premier, devenu plus meurtrier, en interdît, s'il se pouvoit, l'attaque de vive force, & en rendît l'attaque pied à pied plus difficile & plus lente. Il désiroit aussi que les lignes de défense fussent raccourcies pour que le feu des flancs & des rentrans sur les saillans de ce chemin couvert, qui sont totalement dénués de protection directe, pour peu que l'ouvrage en arrière n'ait pas son angle flanqué très-obtus, pût suppléer à ce défaut & défendre efficacement ces saillans, qu'il est si essentiel à l'assiégeant d'emporter, puisqu'ils le conduisent à la prise prompte & facile de tout le reste du chemin couvert, s'il en a besoin, ou qu'ils l'en dispensent s'ils suffisent à contenir les batteries nécessaires pour ouvrir ce même ouvrage en arrière.

Tout cela me paroît très-bien vu : car quelque rapproché du rempart que soit maintenant le chemin couvert, dont la crête n'est jamais à plus de 30 toises de distance perpendiculaire du premier, si ce n'est aux saillans des places d'armes tant rentrantes que saillantes, & quoique les lignes de défense prolongées depuis les flancs des bastions jusqu'à cette crête n'excèdent jamais la grande portée du fusil ; l'événement de la plupart des attaques de vive force de chemin couvert, qui ordinairement, à la vérité, se font à la faveur de la nuit, n'en

Supplément, Liv. I. Chap. II.

démontre pas moins que les différens feux du rempart manquent fréquemment leur objet lors de ces attaques. Il eſt vrai que les branches du chemin couvert ſemblent être dirigées à deſſein de dérober les places de leur glacis à l'action des flancs des baſtions, & que la demi-lune qui, dans cette occaſion devroit ſuppléer ces flancs avec d'autant plus d'avantage qu'elle eſt, relativement à ces branches, mieux ſituée & plus rapprochée qu'eux, eſt tellement tourmentée par les ricochets de l'aſſiégeant qu'on ne péut y laiſſer conſtamment expoſée une troupe conſidérable, qui y attend le moment de faire ſur les chemins couverts attaqués un feu aſſez nourri pour être meurtrier & d'un grand effet.

D'ailleurs ſi dans ſon attaque de vive force il convient à l'aſſiégeant de deſcendre dans le chemin couvert, d'y faire même logement, il le peut; aucun nouveau danger ne l'y attend. Les traverſes, facilement tournées par la crête du chemin couvert, ſont infailliblement abandonnées par l'aſſiégé, & ne ſemblent placées là que pour épauler contre le feu des flancs l'aſſiégeant & ſon logement. D'un autre côté, le foſſé eſt trop large pour pouvoir être franchi par le jet de la grenade lancée par la main de l'aſſiégé. Le chemin couvert eſt donc encore par cette raiſon trop éloigné du rempart.

Mais outre ce défaut dont tout ce qui eſt ſubjugué par la force de l'habitude, ne voudra peut-être pas convenir, nos chemins couverts actuels en ont d'inconteſtables. Leurs longues branches en ligne droite, fréquemment coupées de traverſes, n'en ſont pas moins plongées dans leurs diverſes parties par le même ricochet, ſurtout par celui des obus, qui franchit tantôt l'une tantôt l'autre de ces traverſes; en ſorte qu'elles ne semblent servir qu'à interdire absolument toute circulation d'artillerie dans le chemin couvert, & qu'à le priver de la moitié à peu près de l'espace que pourroit y occuper la mousqueterie par celui qu'occupent leur massif & le passage tournant autour, laissé sans banquette. Ces traverses sont d'ailleurs véritablement *intenables* dans toute attaque de vive force, l'assiégeant se portant par la crête du glacis sur leur flanc, & en plongeant à bout portant les défenseurs, que rien ne couvre de ce côté. Il pourra être, à la vérité, interposé une seconde palissade entre la crête du chemin couvert & ces mêmes défenseurs, qui, sous ce foible abri, oseront alors, quoique toujours plongés, s'opposer de front à l'ennemi. Mais si celui-ci est arrivé sur la crête du chemin couvert, suffisamment en forces & préparé à cette double palissade; s'il en accable les défenseurs acculés au fossé, par un feu plongeant de grenades & de mousqueterie; s'il brise, par quelques coups d'un canon ou obusier amené sur la crête du chemin couvert, les tambours (1) des saillans, au cas qu'ils ne l'aient pas été déjà précédemment par les ricochets; s'il grimpe le long des talus en terre de ces traverses elles-mêmes, pour enfiler de là cette seconde palissade; il est évident que ceux qui la défendent & ses traverses avec elle, y courront plus de danger encore que ceux qui les attaquent, & que par conséquent tous ces

---

(1) Reconnoissons encore que ces tambours, tant qu'ils existent, marquent la crête du glacis des saillans dans lesquels ils sont construits, à l'artillerie des flancs, la seule qui, à cette époque du siége, soit pleinement en état d'agir, celle des angles flanqués, que d'ailleurs ces tambours gênent, devant alors être démontée par les coups tant de plein fouet qu'à ricochet de l'assiégeant, qui presque tous jusqu'ici lui ont été adressés.

travaux de défenſe, exécutés pour faire tant ſoit peu valoir le chemin couvert, palliatifs vantés parce qu'on n'a point de véritables remèdes à appliquer au mal, n'en laiſſent pas moins ce chemin couvert & ſes traverſes complètement inſultables par un aſſiégeant qui fait & veut faire ſon métier.

Mais ſi l'aſſiégeant veut s'en épargner les périls & la perte, dont celle de l'aſſiégé, bien moins en état que lui d'en ſupporter, eſt cependant bien faite pour le dédommager, il lui eſt facile de parvenir de même à chaſſer ce dernier des ſaillans de ſon chemin couvert, pour en faire enſuite, pied à pied, le couronnement, ainſi que celui du reſte du chemin couvert; de le chaſſer, dis-je, de ſes ſaillans, à l'aide de cavaliers de tranchée élevés à une médiocre hauteur, ſur des glacis tenus néceſſairement en pente douce, devant une fortification peu dominante & ſéparée de ſon chemin couvert par un large foſſé. Les chemins couverts actuels ſont donc évidemment, par les vices de leur poſition & par ceux de leur conſtruction, également foibles contre les attaques de vive force & contre les attaques pied à pied. Cherchons donc quels changemens il convient d'y faire pour les mettre à l'abri des défauts que nous leur reconnoiſſons, & pour en rendre la priſe & le couronnement, ſinon impoſſibles, du moins ſi difficiles qu'il faille pour les effectuer d'autres moyens que ceux dont on fait maintenant uſage.

Le premier de ces changemens eſt de faire les foſſés moins larges; & leur vraie largeur eſt, ſelon moi, donnée par la portée de la grenade: car il faut que ſi l'aſſiégeant deſcend dans le chemin couvert, & que par-là il échappe à quelque feu, ſoit d'artillerie, ſoit de mouſqueterie, il s'y trouve expoſé à une nouvelle arme, tellement meurtrière qu'il foit impoſſible qu'il ait gagné au change. Or la portée de la grenade, horizontalement de 13 à 14 toiſes, s'allonge d'une toiſe au moins par toiſe de commandement qu'a le lieu d'où elle part ſur celui où elle arrive. Ainſi en donnant, comme nous le faiſons, 19 pieds de commandement à la crête du parapet du rempart, ſur le bord du foſſé ou ſommet de la contreſcarpe, il ne faudra pas que ce ſommet de contreſcarpe ſoit éloigné de la crête de parapet du rempart en arrière, de plus de 16 toiſes, ſi l'on veut que la grenade lancée de deſſus la banquette de ce rempart parvienne dans le chemin couvert. Nous donc, qui donnons juſqu'à 4 toiſes d'épaiſſeur par un bout, au parapet de la face du baſtion, & qui lui ſuppoſons encore 1to 3^{pi} de largeur de talus, nous ne pouvons donner plus de 10to de largeur à notre foſſé (1). Voici comment nous le traçons.

Pl. 58. fig. 2.

Après avoir décrit de l'angle flanqué comme centre, avec un rayon de 10 toiſes, l'arrondiſſement de la contreſcarpe, nous y menons une tangente parallèle à la première partie de la face, que nous terminons à ſa rencontre avec la perpendiculaire élevée de l'extrémité de cette partie; de là nous menons une parallèle à la ſeconde partie de cette face, terminée de même par la rencontre de la perpendiculaire élevée à l'extrémité de cette ſeconde partie. De ce dernier point nous achevons le tracé de la contreſcarpe, en en dirigeant le reſte à

(1) Il eſt évident que cette largeur ſuffira pour que les coups de fuſil du rempart atteignent au pied de la banquette du chemin couvert, ſi l'on donne au parapet du premier un pied de plongée par toiſe, plongée qui, quoique plus forte que la plongée ordinaire, réglée ſur une largeur de foſſé de moitié plus grande que celle des nôtres, eſt cependant ſans aucun inconvénient ..... de ceux au moins qu'il me ſoit donné d'apercevoir.

l'angle

l'angle d'épaule, non de l'escarpe, mais de la crête du parapet du bastion, afin que rien de cet étroit fossé ne soit masqué à aucune partie du flanc destiné à le défendre.

Maintenant, pour tracer le chemin couvert, je commence par prolonger au-delà de la contrescarpe les parties extrêmes de l'escarpe du bastion, joignant l'angle flanqué, pour en faire le pied du talus des traverses du saillant du chemin couvert. J'y mène, du côté de ce saillant, des parallèles à 3to 3^{pi} de distance, sur lesquelles seront pris les crochets du passage des traverses; je prends sur ces parallèles des points à 4to 3^{pi} de distance perpendiculaire de la contrescarpe, & par ces pointes je tire des angles de flanc opposés, pris non à l'escarpe mais à la crête du parapet, des lignes qui, par leur rencontre, forment le saillant du chemin couvert.

J'achève ensuite les traverses de part & d'autre de ce saillant, en donnant 3to d'épaisseur, non compris le talus, à leur parapet. J'en termine la crête à sa rencontre avec le prolongement de la ligne de crête du chemin couvert en avant; puis je fais à ce parapet un recouvrement en flanc, de la même épaisseur, dont j'aligne le dehors, ou le bas du talus extérieur de parapet, avec le même angle de flanc que la ligne de crête du chemin couvert, & dont je termine le dedans en crête de parapet à une toise de contrescarpe. Par-là, au lieu d'une simple traverse, j'ai un petit redan d'aussi bonne défense en flanc que de face. Je porte en avant de l'extrémité du recouvrement de cette traverse à l'extérieur, 3to 3^{pi}, & par ce point, de l'angle de flanc précédent, que pour abréger j'appellerai *l'angle de défense*, je tire jusqu'au crochet précédemment tracé, la seconde branche de mon chemin couvert; en forte que ce chemin couvert se trouve tourner autour de la traverse ou redan à 3 ^{to} 3 ^{pi} de distance. J'arrête cette 2.e branche au point où elle n'est plus qu'à 4 ^{to} 3 ^{pi} de distance perpendiculaire de la contrescarpe, puis j'élève à ce point, au dehors, le 2.^{d} crochet, faisant avec cette même branche un angle de cent degrés.

En arrière de ce crochet je construis une 2.de traverse à redan, comme la première & d'après les mêmes données. A 3 ^{to} 3 ^{pi} de distance de l'extrémité de son recouvrement à l'extérieur, je tire de l'angle de défense la 3.e branche, que je termine, par un bout, au ricochet précédemment décrit, & par l'autre, à 4 ^{to} 3 ^{pi} de distance perpendiculaire de la contrescarpe. Là, un 3.e crochet, une 3.e traverse à redan, & une 4.e branche de chemin couvert, sont décrits suivant les mêmes principes que les précédens, si ce n'est que le recouvrement de cette troisième traverse est porté jusqu'à la contrescarpe, pour avoir à peu près la même longueur que les autres.

A l'extrémité de la 4.e branche du chemin couvert, on fait la place d'armes rentrante, qu'on trace en arc de cercle, dont on trouve le centre en prolongeant cette 4.e branche, jusqu'à ce qu'elle rencontre la perpendiculaire de front, ou en d'autres termes, jusqu'à ce qu'elle rencontre le prolongement de la 4.e branche du chemin couvert de l'autre demi-front. C'est de ce point de rencontre, comme centre, qu'on décrira un arc de cercle qui, joignant les extrémités des dernières branches des deux demi-fronts, en formera la place d'armes rentrante ou *du centre*. Tel est le tracé du chemin couvert, sur lequel nous observons que, si au lieu d'un octogone on avoit un dodécagone ou un polygone d'un nombre

Supplément, Liv. I. Chap. II.

encore fupérieur de côtés à fortifier, au lieu de trois traverfes & de quatre branches, on n'auroit que deux traverfes & trois branches de chemin couvert.

Quant au relief de cet ouvrage & au profil que nous lui donnons, les voici. Ses rentrans font élevés de 7 pieds & demi au-deffus du terrain naturel, & fes faillans le font de deux pieds de plus. Le talus intérieur de fon parapet eft revêtu, jufqu'à un pied de fon fommet, par un mur de trois pieds d'épaiffeur, fans aucun talus & fans aucune retraite, qui empêcheroient d'appliquer la paliffade immédiatement à ce revêtement. Derrière celui-ci règne la banquette, de 4 pieds feulement de largeur de terre-plein, réduite à 3 pieds quelques pouces après la paliffade plantée, largeur fuffifante à un feul rang de fufilier que je deftine à l'occuper. Le talus de cette banquette n'a également que 4 pieds de bafe, attendu que je ne lui en donne que 2 de hauteur; le terre-plein du chemin couvert n'étant, au pied de fa banquette, enfoncé que de 6 pieds & demi au-deffous de la crête de fon parapet. De là au fommet de la contrefcarpe, ce terre-plein defcend encore de fix pouces au-deffous de fes parties les plus baffes au pied de fa banquette, & ce terre-plein, quoique moins enfoncé d'un pied que ceux de Vauban & de Cormontaingne, ne fera pas plus expofé qu'eux à être plongé, attendu le défilement de deux pieds qui règne des faillans aux rentrans; & ce pied d'enfoncement de moins eft autant de moins de dérobé aux coups du rempart plongeans dans ce terre-plein, ou, fi l'on veut, ce pied d'élévation de moins de la crête du glacis au-deffus de ce terre-plein, eft autant de commandement de plus que gagne le rempart fur cette même crête du glacis.

Pl. 61. fig. 1.
Pl. 60. fig. 2.

Paſſons maintenant à examiner les communications de ce chemin couvert avec le foſſé, & la retraite du premier dans le ſecond par les eſcaliers, ainſi que le ſoutien de cette retraite par les traverſes à redan & le réduit qu'on voit ſur la contreſ-carpe à la gorge de la place d'armes du centre.

Pl. 58.
fig. 2.
A côté de chaque traverſe je pratique un eſcalier, dont la largeur de 4 pieds eſt priſe, par en haut, aux dépens du côté extérieur de la traverſe, & par en bas, aux dépens de la largeur du foſſé. Par là je ne retranche du parapet de la traverſe que ce qui ne lui ſert à rien, je démaſque d'autant au feu du flanc l'intérieur du chemin couvert; & la retraite de celui-ci, par l'eſcalier, ſe faiſant ſous le bout du fuſil des défenſeurs de la traverſe, en eſt protégée juſque ſur l'eſcalier qui paſſe à une douzaine de pieds au-deſſous d'eux.

Pour que ceux-ci puiſſent vaquer en toute ſûreté à ce ſoin important, & n'aient pas à craindre d'être emportés en même temps que le reſte du chemin couvert, voici de quelle manière je les retranche dans cette traverſe. J'arme celle-ci d'une fraiſe, dont la pointe eſt défendue par la mouſqueterie même du parapet de la traverſe, & le pied par celle des créneaux d'une galerie pratiquée ſous le maſque de ce parapet. Cette galerie, dont le ſol eſt enfoncé de $4^{pi}\,4^{po}$ au-deſſous du ſol du chemin couvert, a pour contreforts, de toiſe en toiſe,

Pl. 60.
fig. 2.
les pieds-droits d'autant de petits berceaux qui lui ſont per-pendiculaires ſur 4 pieds de longueur, & au bout de chacun deſquels ſe trouve un créneau percé, à hauteur du ſol du chemin couvert, dans un mur qui ne s'élève que de 2 pieds au-deſſus de ce ſol, de manière cependant que de ce même créneau l'on peut tirer auſſi ſur tout ce qui ſe préſente ſur la crête du chemin couvert.

On defcend de la traverfe dans cette galerie crénelée, par un efcalier pratiqué fous le recouvrement de cette traverfe, & de cette galerie, par un autre efcalier, dans la galerie magiftrale qui règne fous la banquette du chemin couvert & communique avec la place par la caponnière voûtée qui traverfe le foffé. De cette manière la défenfe de la traverfe & celle du chemin couvert qu'elle foutient, font indépendantes l'une de l'autre, ce qui eft de la plus grande importance; & la retraite du chemin couvert fe fait fans paffer par la traverfe, & par conféquent fans y porter l'inquiétude, le défordre, & quelquefois même le découragement, qui y entreroient à la fuite de gens un peu vivement pourfuivis.

J'avois d'abord penfé à profiter de cet efpace d'une toife laiffé entre la contrefcarpe & l'extrémité du recouvrement de la traverfe, pour y placer une barrière, qui eût fervi, tant à venir renforcer au befoin la garde de la traverfe, de tout ou partie de celle de la branche en arrière, qu'à rentrer de la traverfe dans le chemin couvert: mais, en y réfléchiffant mieux, l'indépendance de la traverfe & fa féparation abfolue du chemin couvert m'ont paru préférables; d'autant que l'efcalier qui fe trouve à chaque branche, eft plus que fuffifant pour rentrer partout du foffé dans le chemin couvert, & que le large paffage qui tourne autour de chacune de fes traverfes, donne les plus grandes facilités pour fe remettre promptement par la force en poffeffion de telle de fes parties que ce puiffe être où l'ennemi auroit pénétré (1). Je préférerois donc, ou de

(1) On réattaquera en effet toujours facilement toute partie de chemin couvert occupée par l'affiégeant, en fe formant dans les parties voifines, derrière & à l'abri des traverfes, fous la protection defquelles on débouchera

supprimer le petit intervalle laissé entre la queue de la traverse & la contrescarpe, ou de le fermer par un bon mur crénelé avec banquette en arrière, si cet intervalle étoit jugé nécessaire pour conserver, dans l'intérieur de la traverse, un espace que celui qu'occupe son escalier pourroit y faire regretter.

On fait dans la place d'armes du centre un réduit ou petit ravelin à flancs, pour d'autant mieux soutenir, tant par du canon que par de la mousqueterie, les branches du chemin couvert. On le sépare du terre-plein de la place d'armes par un fossé de quinze pieds de largeur, tel que celui que Cormontaingne met autour des réduits de ses places d'armes rentrantes. Ce fossé, parallèle aux faces du réduit d'un bout à l'autre, est défendu, ainsi que ces faces, par les flancs des bastions; & la grandeur & la saillie du réduit sont arrangées de manière qu'il se trouve, entre l'arrondissement de sa contrescarpe & la crête du chemin couvert, la même distance de 3 ^{to} 3 ^{pi}, qui se trouve dans tous les passages de traverses. On descend de la place d'armes dans le fossé du réduit, moins profond à sa naissance qu'à son arrondissement, par des escaliers qui l'atteignent à sa naissance, & de ce fossé dans celui du corps de place, par des escaliers adossés aux profils des flancs de ce même réduit, dont la gorge est tirée parallèle à la courtine & alignée à l'extrémité de l'avant-dernière partie de l'escarpe des faces des bastions; en sorte qu'il est impossible à l'assiégeant de découvrir quoi que ce soit de l'intérieur de ce petit ouvrage.

ensuite de part & d'autre, non en défilant un à un, comme dans les passages de traverses d'un chemin couvert à l'ordinaire, mais en colonnes de 10 à 12 hommes de front, par les passages de 3 ^{to} 3 ^{pi} de large, qui tournent autour des nôtres.

Maintenant, fi nous confidérons ce qui aura lieu à la défenfe de ce chemin couvert, nous reconnoîtrons que les troupes tant d'infanterie que de cavalerie, & même le canon, y pourront circuler librement; que par quelque point que ces troupes veuillent faire une fortie, elles y aboutiront facilement des parties de ce chemin couvert les moins expofées, fans avoir befoin d'être tenues long-temps raffemblées dans celles que le feu de l'ennemi rend dangereufes à occuper en maffe; que dans quelque lieu que le canon y veuille agir par plongée, par-deffus la paliffade, il le pourra, fans avoir befoin de machines pour être guindé au-deffus de la contrefcarpe, & fans être retenu au pofte qu'il aura une fois occupé par la difficulté d'en être retiré. Il pourra donc n'agir que dans les lieux & dans les momens où l'on s'en promettra le plus d'effet, & dans ceux où il n'aura que peu à rifquer lui-même; car dès qu'il viendra à perdre, fous l'un ou l'autre de ces points de vue, il lui fera facile de prendre d'autres emplacemens où il retrouvera encore pour quelque temps les mêmes avantages.

D'un autre côté ce chemin couvert, partout à crémaillère & partout bordé de banquette, donnera, pour les feux de moufqueterie croifés en tous fens, des avantages & des facilités qu'on ne trouvera point dans le chemin couvert actuel : car, quelque multipliées que puiffent être les batteries à ricochet de l'affiégeant, elles n'en pourront enfiler toutes les branches & encore moins tous les crochets; &, quelque abondans que foient fes feux de projection, l'affiégé qui a partout de l'efpace & la facilité de se mouvoir en tout fens, échappera facilement à leur effet en profitant des fréquens abris que lui donneront fes traverfes & leurs crochets. Il fe confervera donc toujours un feu vif de moufqueterie, furtout dans les nombreux faillans de ce chemin couvert, & ce feu en rendra l'attaque de vive force meurtrière dès le début, fans expofer à aucune perte fenfible l'affiégé, qui a dans chaque branche de ce chemin couvert fa retraite facile & protégée par le feu d'une traverfe que rien ne l'oblige à abandonner, comme celles du chemin couvert actuel.

En effet, ces traverfes, fans mafquer en rien le feu du rempart & fans être plus élevées que les faillans du chemin couvert, en feront cependant défilées de manière à n'en être pas plongées derrière la crête de leur parapet (1), & en commanderont même les rentrans plus rapprochés d'elles que les faillans, & tenus plus bas que ces derniers d'environ deux pieds (2). Ces traverfes, qu'on aura eu foin de garnir complétement de monde à leurs deux étages dès l'inftant où l'on aura eu à craindre l'attaque de vive force du chemin couvert, ne pourront être forcées d'emblée, à caufe de leur fraife,

(1) Il ne faut pas croire que j'entende par là que la crête de leur parapet sera dans un plan de défilement parallèle à celui des parties du chemin couvert qui les environnent: non, cette crête fera dans un plan de défilement d'une rampe plus roide, paffant de cinq pieds au-deffus des parties environnantes du chemin couvert; & comme un fufilier ne peut guère tirer que de quatre pieds & demi de hauteur, il arrivera de là que celui de l'affiégeant fera toujours d'un demi-pied *trop court* pour pouvoir enfiler la crête des parapets de nos traverfes, quand bien même il fe placeroit précifément fur la crête du chemin couvert.

(2) Je dis *environ*, parce que la néceffité de défiler ces branches inégalement longues, des faillans les unes des autres, obligera à en enfoncer inégalement les rentrans. On ne peut donc déterminer précifément, ni furtout uniformément, ce commandement; feulement on fera en forte qu'il ne s'éloigne que peu, foit en plus foit en moins, de cette quantité de 2 pieds.

défendue

défendue haut & bas par leurs deux étages de feu: mais le fussent-elles par impossible à leur étage supérieur, ou bien l'assiégé n'y pût-il soutenir la violence de la mousqueterie de l'assiégeant & celle de ses grenades, qui toutes à peu près, cependant, doivent rouler dans le fossé en arrière, faute d'espace où s'arrêter; ces traverses n'en continueroient pas moins le feu de leur étage inférieur, où l'assiégé, *claquemuré* au moyen de sa double porte &, s'il le faut, d'un *masque*, en termes de mineurs, n'aura rien à craindre de l'assiégeant qui, *juché* sur l'étage supérieur de ces traverses, n'y tiendra pas deux minutes contre le feu à bout portant des remparts de la place, contre lequel, faute d'espace, il ne pourra se pratiquer d'abri.

Mais, me dira-t-on, pour rendre inutile et vain l'étage souterrain de vos traverses, on fera pied à pied l'attaque de votre chemin couvert? Je le crois bien, & ce n'est pas pour moi un léger avantage d'être assuré qu'elle ne pourra se faire autrement; mais alors chaque traverse, chaque crochet de crémaillère du chemin couvert, opposera un feu de grenades & de mousqueterie *debout* à chaque sappe du couronnement, que rien d'ailleurs ne dérobera à l'action du feu dominant & plongeant du rempart de la place.

On a vu que la portée de ce feu étoit raccourcie au moyen de la diminution de la largeur du fossé, ce qui, à ne supposer que le même commandement du rempart sur le chemin couvert, rendroit déjà le feu du premier sur le second plus plongeant, en raison de ce que l'angle de plongée seroit devenu plus grand: mais, loin de nous en tenir là, nous augmentons encore ce commandement en lui-même; car, au lieu de 8 à

34   Essai général de fortification,

9 pieds de commandement uniforme qu'ordinairement on donne au parapet du rempart fur celui du chemin couvert, nous lui en donnons un de 10 pieds fur les angles faillans, & de 12 fur les rentrans. D'un autre côté, pour que rien fur ce glacis ne fe dérobe au feu du rempart en arrière, & que tout s'y préfente comme en amphithéâtre au feu des flancs collatéraux vers l'un defquels chaque branche de chemin couvert eft dirigée, nous en tenons les arêtes fort douces & inclinées de façon à paffer par la genouillère du canon en batterie fur le rempart (1), & les *gouttières* ou autres extrémités latérales du glacis des mêmes branches, le plus roides poffible & dirigées à la crête du parapet de ce même rempart. De cette manière les pans du glacis, qui ne feront plus plans, mais courbes & *gauches en ailes de moulin à vent*, offriront une grande difficulté de plus au défilement des travaux de l'affiégeant qui y feront dirigés dans le fens de leur longueur, attendu que les traverfes & recouvremens par lefquels ce défilement devra s'opérer, étant toujours établis fur un fol moins élevé que celui

(1) Ceci n'a pu s'effectuer au corps de place que relativement à l'arête en capitale de chaque baftion, qui eft à la vérité celle de ces arêtes où cette difpofition eft le plus utile, puifque c'eft celle à droite & à gauche de laquelle s'établiffent les cavaliers de tranchée. Quant aux autres arêtes, il a fallu les faire affez plonger dans le terrain pour que les gorges des ouvrages détachés en avant euffent un relief fuffifant au-deffus de la queue des glacis : cependant, aucune de ces arêtes ne plonge dans le terrain de manière à defcendre au-deffous de la ligne de tir de la crête du parapet du rempart, dirigée par celle du parapet du chemin couvert. Voy. pl. 61, fig. 1. Au refte il vaudroit peut-être mieux diriger toutes ces arêtes à la genouillère du canon des remparts, quitte à reporter les gorges des ouvrages détachés affez en avant pour qu'elles euffent encore un relief fuffifant au-deffus de la queue des glacis du corps de place.

Supplément, Liv. I. Chap. II.

des travaux qu'ils auront à couvrir, devront, pour remplir leur objet, redoubler de hauteur & de base (1) : de là, difficulté excessive d'exécuter sur ces saillans, soit le couronnement du chemin couvert, soit les cavaliers de tranchée.

Quant à ces derniers, destinés à enfiler des branches qui ont environ 2 pieds de défilement sur 17 toises de longueur, ils auront besoin, à 14 ou 15 toises, distance à laquelle on les construit, de s'élever aussi de près de 2 pieds de plus que le point le plus haut de ces branches, c'est-à-dire, que le saillant ; & comme à cette distance ils se trouvent sur un sol plus enfoncé déjà de cinq pieds (2) que la crête du glacis, il s'ensuit

---

(1) Il y a dans tout ceci une faute que je n'ai pas commise & que je ne laisse subsister que pour faire voir combien j'attache de prix à forcer l'assiégeant de développer ses travaux sur des surfaces qui descendent & se présentent en amphithéâtre à mes flancs : cette faute est de dérober à tout feu d'artillerie de mes remparts les gouttières, ainsi que ce qui les avoisine le plus dans les pans gauches & courbes dont j'ai formé ce glacis, au lieu de le former à l'ordinaire par des plans. Heureusement qu'il n'est nullement nécessaire de commettre cette faute pour donner à nos flancs l'avantage que nous avons en vue ; car il suffit pour cela du défilement de deux pieds qu'ont nos courtes branches de chemin couvert, de la rentrée considérable de ces branches vers la place, & du commandement élevé pris par notre rempart sur un glacis qui en est singulièrement rapproché. L'on peut donc s'en tenir à la règle de faire *plans* les pans du glacis, & puisque les arêtes & les crêtes de ce glacis sont déterminées, il s'en suit que ses plans le sont en entier, & par conséquent ses gouttières, qui appartiennent à ces plans & alors ces gouttières sont soumises, aussi & même plus encore que les arêtes, au canon du rempart.

(2) Je parle ici dans l'hypothèse de la note précédente ; car si je m'en étois tenu à celle de mes gouttières renfoncées de manière à ce que leurs prolongemens vinssent raser la crête du parapet du rempart, le sol des cavaliers de tranchée, au lieu de n'être enfoncé que de 5 pieds au-dessous

que, pour peu qu'on veuille qu'ils plongent dans le chemin couvert, il faudra les porter à plus de 7 pieds de hauteur, ce qui demandera d'abord beaucoup de travail & de temps, & deviendra ensuite encore plus embarraffant pour leurs recouvremens placés plus bas encore fur la rampe du glacis.

Que fi l'on penfe que l'affiégeant tranchera ces difficultés de la conftruction des cavaliers de tranchée, & que, fuppléant à leur effet au moyen de pierriers multipliés qui, établis dans fa troifième parallèle, faffent abandonner le chemin couvert & l'étage fupérieur des traverfes, il viendra en fape double & debout former un petit couronnement à la pointe de l'angle de chaque

du faillant du chemin couvert, le feroit de 11 pieds, ce qui, joint aux 2 pieds de défilement des branches qui forment ce faillant, feroit 13 pieds de hauteur qu'il faudroit donner à ces cavaliers. En outre, le point de la capitale d'où l'on partiroit pour arriver fur l'emplacement de ces cavaliers, feroit élevé de 7 à 8 pieds de plus que cet emplacement, ce qui rendroit impraticables les recouvremens, qui, pour pouvoir remplir leur objet, deviendroient de vraies montagnes.

Mais, fi feulement les gouttières étoient dirigées à la genouillère du canon, à 3 pi 6 po au-deffous de la crête de parapet du rempart, le fol des cavaliers de tranchée fe trouveroit encore de 8 pieds plus bas que le faillant du chemin couvert; ce qui, joint aux 2 pieds de défilement de chaque branche de ce faillant qu'il faudroit regagner, porteroit ces cavaliers à 10 pieds de hauteur au moins. En outre, le point de la capitale d'où l'on partiroit pour arriver à l'emplacement de ces cavaliers, feroit plus élevé encore de près de 5 pieds que cet emplacement, ce qui le rendroit fuffifamment impraticable à couvrir. Cette dernière difpofition de glacis, qui n'en déroberoit aucun point au feu du canon du rempart, & dont l'unique défaut feroit de donner, au lieu de plans, des pans gauches en ailes de moulin à vent, feroit donc la meilleure à prendre. Au refte le lecteur peut choifir entre trois difpofitions différentes que lui offre ma manière pareffeufe de travailler, qui confifte à avertir feulement des corrections à faire, en laiffant fubfifter les fautes une fois faites.

place d'armes faillante, & qu'il échappera à la difficulté de prolonger ce couronnement en defcendant dans le chemin couvert après en avoir ruiné les traverfes par quelques coups de canon tirés de ce même petit couronnement; que fi l'on penfe que cela lui fera facile, & qu'enfuite il lui fera poffible d'étendre fuffifamment fes logemens, & de trouver pour fon artillerie affez d'efpace dans mon chemin couvert qu'élargiffent fes faillans multipliés : je répondrai qu'il ne faut fe faire d'idées exagérées ni de l'effet des pierriers de la troifième parallèle, ni de celui du canon du petit couronnement de la pointe des places d'armes faillantes ; qu'on peut fe mettre à l'abri du premier, dans les traverfes & dans telle autre partie du chemin couvert où l'on a intérêt de tenir opiniâtrément, par de petits auvens de madriers ou de claies, formés au pieds de la banquette, fous lesquels on fe réfugiera dès qu'on verra venir la décharge d'un pierrier; que, quant au canon de ce couronnement en raccourci, il ne faut pas croire que ce ne foit pour lui que l'affaire de quelques coups de ruiner la galerie crénelée d'une de nos traverfes : car faites attention que la maçonnerie de celle-ci ne fe préfente que de 2 pieds hors de terre, qu'elle a 4 pieds d'épaiffeur; qu'elle eft foutenue en contreforts par les pieds droits, de 4 pieds auffi de longueur, des petites galeries, & par leurs voûtes contre-buttées par celle de la grande galerie ; & que par conféquent le canon du petit couronnement, au nombre de deux ou trois pièces au plus, en butte à tout celui de la place & furtout à celui des flancs qui le prend de chaque côté en rouage, aura le tems d'être démonté dix fois (fuppofé toutefois qu'on ait pu l'établir) avant d'avoir eu celui de ruiner une feule traverfe.

Mais fuppofons encore que l'affiégeant y réuffiffe, qu'il defcende dans le chemin couvert, & qu'il cherche à y étendre fes logemens en s'y épaulant du maffif des traverfes qu'il aura ruinées : croit-on qu'il trouvera dans cette pofition enfoncée de bien grands avantages? D'abord, il y fera, au pied de la banquette, fous la plongée d'un commandement de 18 pieds & demi, à 18 ou 20 toifes de diftance; il y recevra les grenades de l'affiégé qui, parvenant au-delà de la contrefcarpe, rebondiront & rouleront jufqu'au pied de la banquette. Voilà pour les petites armes. Maintenant, s'il y a poffibilité de replacer momentanément à l'angle flanqué quelque canon ou obufier, ce canon chargé à mitraille va faire parmi les affiégeans un terrible ravage; celui des flancs, lefquels voient enfemble la place d'armes entière, va rendre celle-ci abfolument *intenable*, foit par le choc de fes boulets, foit furtout par les éclats qu'ils feront dans les maçonneries ruinées des traverfes & dans le revêtement & les paliffades du parapet du chemin couvert. Joignez à cela les pierres que lanceront les pierriers de l'affiégé placés derrière l'angle flanqué, foit fur le terre-plein, foit au bas du talus du rempart, & convenez que l'affiégeant n'aura évité les difficultés du couronnement du chemin couvert que pour en venir chercher de pires dans fon terre-plein. Concluons donc qu'il fera mieux de chercher à furmonter les premières à force de patience & de travail, en multipliant & en exhauffant les traverfes de fon couronnement, que de s'enfoncer dans un véritable *guêpier*, où l'effet des coups directs de l'affiégé eft multiplié par les éclats & le rebondiffement qu'ils font dans les maçonneries qui bordent les flancs & les derrières du logement que l'affiégeant effayeroit de s'y former.

Supplément, Liv. I. Chap. II.　　39

EXPLICATION.

des figures relatives à ce chapitre.

PLANCHE LVIII.

FIG. II. *Tracé complet de la contrescarpe et du chemin couvert d'un front du corps de place, suivant la méthode de l'auteur.*

PLANCHE LIX.

FIG II. *Profil pris sur la ligne A B de la planche LVI, qui fait voir la coupe d'une traverse à redan du chemin couvert, sa galerie crénelée, la galerie magistrale au-dessous, au moyen de laquelle on communique de la place à cette traverse : on y voit en même temps le commandement du rempart sur cette traverse et sur le chemin couvert.*

PLANCHE LXI.

FIG. I. *Fait voir le relief d'un demi-front de fortification suivant la méthode de l'auteur.*

CHAPITRE III.

Des changemens à faire à la construction des dehors.

Le premier des dehors dont nous ayons à nous occuper, est la tenaille. D'abord à flancs, dans la vue de défendre par un second étage de feu le fossé des bastions, celui qu'il faut passer pour monter à la brèche, elle fut bientôt bornée à n'être qu'un prolongement de ces mêmes faces, tenu assez bas pour ne pas masquer au feu des flancs, l'abord de la brèche ; car on avoit reconnu que les flancs qu'on lui avoit donnés n'étoient plus tenables au moment où l'on avoit compté de s'en servir.

Mais on n'est guères moins embarrassé de tirer parti de cet ouvrage depuis sa nouvelle construction qu'on ne l'étoit lors de l'ancienne ; car, tenu forcément plus bas que la crête du chemin couvert, il n'a que peu d'effet par son feu sur le couronnement de celui-ci, qui, au contraire, prend sur lui de très-grands avantages. Par cette raison & par celle de l'extrême obliquité de ses feux sur le fossé, la tenaille ne peut défendre celui-ci avec quelque efficacité par sa mousqueterie ; & l'artillerie que pour le même objet on y établiroit dans des embrasures biaises, n'y pourroit être servie sans interrompre l'action de celle des flancs & de la courtine, bien plus avantageusement postée pour combattre celle de l'assiégeant dans le couronnement du chemin couvert.

L'utilité incontestable de la tenaille se réduit donc à couvrir la poterne du milieu de la courtine, à offrir derrière elle, ou un espace au rassemblement des sorties infiniment rares qui peuvent avoir lieu dans les fossés secs, ou un havre aux bateaux ou radeaux nécessaires aux communications qu'il faut maintenir au travers des fossés pleins d'eau; & enfin à couvrir contre les batteries du couronnement du chemin couvert, le revêtement des flancs & de la courtine.

Mais ce dernier objet, le plus essentiel sans contredit de ceux que nous venons d'indiquer, comment est-il rempli? Dans l'éloignement où elle est du flanc, & par la nécessité de ne point masquer à celui-ci le pied de la brèche, la tenaille n'est-elle point forcément tenue trop basse pour pouvoir dérober plus de la moitié ou tout au plus les deux tiers du revêtement de ce flanc à la crête du chemin couvert? & n'en est-il pas à peu près de même de la courtine, pas plus couverte que les flancs par cette même tenaille, qu'on est au contraire obligé de tenir, vis-à-vis de cette courtine, moins élevée encore qu'à ses faces, pour défiler celles-ci du couronnement du chemin couvert? d'où il suit que, quoique plus rapprochée de la courtine, la tenaille n'en laisse pas moins le revêtement de cette dernière aussi exposé à peu près que celui des flancs aux dernières batteries de l'assiégeant.

Mais de la ruine de la partie supérieure du revêtement des flancs & de la courtine résulte nécessairement celle de leur parapet, laquelle entraîne non moins infailliblement l'impossibilité d'y maintenir, soit de l'artillerie, soit de la mousqueterie, tant pour la défense du fossé & de la brèche, que pour contre-battre & contrarier les batteries de tout genre que déploie l'assiégeant dans le couronnement du chemin couvert; conséquences d'une importance majeure, & telles que d'elles seules peut-être dérivent, & la prefqu'impoffibilité de foutenir l'affaut s'il n'y a pas de retranchement derrière la brèche, & la facilité dans la pratique des paffages de foffés, dont la difficulté paroît fi grande en théorie.

Ce ne feroit donc pas rendre à la défenfe des places & à la fortification un médiocre fervice, que de trouver une conftruction de tenaille où les défauts qu'on vient de reprocher à cet ouvrage feroient corrigés & remplacés par les propriétés qu'on avoit cherché à réunir dans la tenaille à flancs, propriétés qui l'euffent rendue doublement précieufe pour la défenfe du foffé fi l'on fût parvenu à les obtenir d'elle.

L. 59
60,
g. 1.
En conféquence je me décide à faire ma tenaille à flancs, pour la rapprocher le plus poffible des flancs des baftions, & pouvoir mieux couvrir le revêtement de ces derniers. J'élève la crête de fes flancs de manière à ce qu'elle foit rafée par les boulets tirés du flanc d'un des baftions du front au fond du foffé de la face de l'autre baftion, au pied de fon épaule; d'où il réfultera que cette tenaille, rapprochée à 3 toifes des flancs du baftion, le couvrira jufqu'à 7 ou 8 pieds environ de la crête de leur parapet.

Mais on ne pourroit faire ufage ni pour l'artillerie ni pour la moufqueterie, de ces flancs de tenaille ainfi rafés par le canon des flancs des baftions : auffi n'y penfé-je point, & je les fais en conféquence abfolument maffifs par le haut, c'eft-à-dire, fans terre-plein ni banquette; d'où il s'enfuivra que les flancs des baftions feront d'autant plus fûrement couverts. Mais pour ne point laiffer totalement inutile à la défenfe du foffé cette maffe qui, par elle-même, n'y feroit nullement propre, je pratique deffous une batterie cafematée de quatre pièces renfermées chacune dans un souterrain de 14 ou 15 pieds de largeur, & de 9 pieds de hauteur sous clef, ouvert en entier par derrière, c'est-à-dire, en face du flanc du bastion, & percé sur le devant d'une embrasure dégorgée dans un massif de terre de 18 pieds au moins d'épaisseur. Le dessus de cette embrasure sera porté par un arceau soutenu par les mêmes pieds droits que la voûte du souterrain, & ses joues seront formées de saucissons, dont la terre du massif au travers duquel l'embrasure est percée, sera revêtue.

Pour empêcher que l'assiégeant ne voie à revers, & ne puisse ruiner les pieds droits de ces souterrains, j'en aligne la queue & en même temps la gorge des flancs de ma tenaille, à partir de deux toises au-dessus du premier de ces pieds droits, à l'angle d'épaule du bastion. Pl. 59.

Par cette construction j'ai sous chacun des flancs de ma tenaille une batterie casematée, qui n'a aucun des inconvéniens des autres batteries casematées. D'abord elle n'a point celui de la fumée, étant ouverte en entier par derrière ; ensuite elle n'a ni celui d'un parapet de maçonnerie peu épais que quelques coups de canon peuvent percer, ni celui de longues joues d'embrasures percées dans un mur d'épaisseur suffisante pour résister au canon, par lesquelles le boulet ennemi, conduit de bord en bord, arrive presque nécessairement dans l'intérieur de la batterie, accompagné d'une partie des éclats qu'il a faits en traversant ainsi l'embrasure; enfin, elle n'a point non plus le défaut de faciliter la surprise de la place par ses embrasures, ni d'exiger une augmentation de garde dans la vue de parer à ce danger, puisqu'elle n'est pratiquée que dans un dehors, & qu'elle ne donne aucun accès à l'intérieur de la place.

En même temps, au lieu d'un terre-plein inutile & où, dès l'inftant que l'affiégeant le domine de la crête du chemin couvert, on ne peut faire agir ni canon ni moufqueterie qu'avec défavantage, nous avons fous chaque flanc de tenaille une batterie qui n'a rien à craindre du ricochet ni des bombes, & qui, ayant fa genouillère à peu près de niveau avec le terre-plein du chemin couvert, en combat les batteries & celles même de fon couronnement, fans défaveur marquée, & bat le paffage du foffé avec un commandement évidemment égal à la profondeur de celui-ci, fans gêner en rien l'action des flancs des baftions ni celle de la courtine fur ce même paffage de foffé, & fans être gênée elle-même, en quoi que ce foit, par cette action.

Je rapproche à 3to 3^{pi} de la courtine du corps de place, la gorge de celle de la tenaille, que je fais exactement parallèle d'un bout à l'autre à la première. Je raccorde la crête du parapet de cette courtine de tenaille au fommet des profils de fes flancs, dans l'endroit où elle les rencontre; ce qui foumet de 9 pieds & demi cette crête à celle de la courtine du corps de place, dont elle couvre par conféquent en entier le revêtement, qui lui-même eft foumis de 12 pieds à la crête de fon parapet. Je donne trois toifes d'épaiffeur au parapet de cette courtine de tenaille, & me contente d'avoir derrière ce parapet feulement une banquette & fon talus, fuivi d'un *relai* ou petit terre-plein de quelques pieds de largeur fur le bord de la gorge de la tenaille, où je ne veux tenir que de la moufqueterie, de l'artillerie n'y pouvant jamais faire un auffi bon effet que de la courtine du corps de place en arrière : en conféquence je ne donne à cette courtine de tenaille que 6to 3^{pi} de largeur entre fes deux cordons d'efcarpe & de gorge.

Maintenant, fi de la tenaille nous paffons à la caponnière, nous verrons que c'eft bien abufivement que dans la fortification actuelle on prétend qu'elle défend le foffé & que, pour lui donner l'air de concourir à cette défenfe, on la borde des deux côtés de banquettes ; car il eft bien évident que lorfqu'il eft réellement queftion de défendre ce foffé , l'affiégeant eft déjà depuis long-temps logé fur les deux faillans du chemin couvert des baftions du front d'attaque, de part & d'autre de la caponnière de ce front, & qu'il voit par conféquent à revers, de chacun de ces deux faillans refpectivement, le talus intérieur du parapet de la demi-caponnière qui fait face du côté oppofé. Il eft donc réellement impoffible de faire ufage, pour la défenfe du foffé, des banquettes & des parapets de la caponnière actuelle, qui ne peut tout au plus fervir, en en tenant bien le milieu, qu'à traverfer le foffé fous les coups croifés des batteries du couronnement du chemin couvert, lefquels, pour peu qu'ils en écrêtent les parapets ou qu'ils en brifent la paliffade, & pour peu furtout qu'ils y apportent d'obus, rendront cette traverfée infiniment dangereufe , & furtout pour les tranfports de poudre & de munitions néceffaires à la défenfe des dehors.

Pour avoir donc une caponnière qui défende véritablement le foffé fans être nulle part prife à revers comme l'eft partout celle de la fortification actuelle, & pour m'affurer en même temps une communication imperturbable entre la place & les dehors, je conftruis fous le milieu de la tenaille, en face de la poterne du milieu de la courtine, un paffage voûté de 8 pieds de largeur & d'autant de hauteur, pour pouvoir au befoin y faire paffer des *camions* chargés de munitions & même

Pl. 59.

du canon. Je prolonge cette voûte au travers du foffé & au-delà pour pouvoir communiquer à la galerie magiſtrale fous le chemin couvert & à tous les ouvrages extérieurs à ce chemin couvert, s'il y en a. Ce paſſage fouterrain, enfoncé d'environ 3 pieds au-deſſous du fond du foſſé, s'élève, avec les terres qui le recouvrent & concourent avec l'épaiſſeur de fa voûte à le mettre à l'épreuve de la bombe, d'environ 10 pieds au-deſſus de ce même fond de foſſé. De cette manière il forme à l'extérieur, dans le milieu du foſſé, une traverſe, de laquelle je profite pour lui adoſſer de chaque côté une demi-capon-nière qui, ainſi parfaitement parée à dos, peut véritablement défendre le foſſé. Ces demi-caponnières ferviront en même temps à la communication du chemin couvert avec la place, au moyen des eſcaliers qu'elles ont à leur extrémité attenante aux profils du réduit de la place d'armes arrondie du centre, & du paſſage fouterrain qu'elles ont fous la tenaille à leur autre extrémité. Ce dernier paſſage eſt indépendant de l'autre qui communique avec la caponnière voûtée, dans laquelle je veux éviter que l'ennemi ne puiſſe s'introduire en pourſuivant les troupes qui fe retirent du chemin couvert. De cette manière l'indépendance & la féparation établies entre ce chemin couvert & fes traverſes font conſervées juſqu'au bout, ces dernières ne communiquant avec la place que par la grande caponnière fouterraine & nullement par les petites à ciel ouvert, réſervées exclufivement à la communication de la place avec les bran-ches de ce chemin-couvert.

On aura pu remarquer dans plus d'un endroit de cet ouvrage, combien j'étois peu content de la demi-lune de la fortification actuelle en général ; combien celles de Vauban,

Supplément, Liv. I. Chap. III.

trop peu faillantes, me paroiſſoient mal défendre le chemin couvert des baſtions, qu'elles laiſſent couronner en même temps que le leur; combien celles de Cormontaingne, tout en parant à cet inconvénient, me choquoient par l'inconvénient qu'elles ont d'ouvrir, par la trouée de leur foſſé, plutôt & de plus loin que celles de Vauban, accès au tir des batteries de brèche contre le corps de place; combien enfin ces mêmes demi-lunes, en fauvant dans certains cas aux faces des baſtions les ricochets, s'y offroient elles-mêmes dans tous fans ménagement.

Le problème à réſoudre pour remédier à tant de défauts, fans toutefois renoncer à un feul de leurs avantages, feroit donc de trouver une conſtruction de demi-lunes qui, aſſez faillantes pour ne point permettre l'attaque du chemin couvert des baſtions en même temps que celle du leur, n'ouvriſſent point un accès prématuré au tir en brèche contre le corps de place, & qui, en dérobant tout ou partie de leurs faces aux ricochets de l'aſſiégeant, interceptaſſent à fa vue, par leur relief & leur faillie, le prolongement de celles des baſtions.

Pour cela, prenons fur la ligne de crête du parapet des Pl. 59. faces des baſtions, des points diſtans de 15 toiſes de leur angle flanqué pris fur la même crête; puis de chacun de ces points, comme centre, avec la diſtance qui les fépare pour rayon, décrivons des arcs de cercle, à l'interſection deſquels nous placerons l'angle flanqué de la demi-lune. De cet angle flanqué ainſi déterminé, alignons vers les centres de nos arcs de cercle la première partie des faces de la demi-lune, & donnons-lui 30 toiſes environ de longueur. Tirons enſuite la crête du parapet de cette première partie, & donnons à ce parapet 4 toiſes d'épaiſſeur pris de l'angle flanqué, & 3 toiſes ou même feulement 15 pieds à fon autre extrémité. Cette différence de 6 à 9 pieds d'épaiffeur d'un bout à l'autre de ce parapet, fur une longueur de 25 toifes, pourra, à la diftance où fe placent les batteries à ricochet, caufer dans la pofition de ces batteries une erreur de 15 à 20 toifes, & leur faire manquer en grande partie leur effet.

Reportons-nous à 2 toifes en arrière de cette crête de parapet, à l'extrémité où il eft le moins épais, pour y placer l'origine de la feconde partie des faces de la demi-lune, que nous dirigeons à des points pris fur la crête du parapet des faces des baftions, à 8 toifes de l'angle flanqué de cette crête, & que nous arrêtons à 28 ou 30 toifes de celle du chemin couvert. Par-là cette demi-lune devient un ouvrage détaché, & la condition de ne point ouvrir, par la trouée de fes foffés, accès au tir en brèche contre le corps de place, fe trouve remplie.

Voulant pouvoir fervir toute forte d'artillerie fur cette feconde partie des faces de notre demi-lune, nous lui donnons 8 ^{to} 3 ^{pi} de largeur entre fes deux cordons d'efcarpe & de gorge, exactement parallèles l'un à l'autre. Enfuite nous leur menons encore une parallèle à 8 ^{to} de diftance de la dernière, c'eft-à-dire de la gorge, pour en faire l'efcarpe des faces du réduit de la demi-lune, &, prolongeant ces faces au-delà de l'angle flanqué, nous faifons de ces prolongemens des traverfes à double étage de feu comme celles du chemin couvert. Ces traverfes opèreront la féparation des deux parties de la demi-lune, mais non pas totale; car elles laifferont chacune entre elle & la gorge de l'ouvrage un paffage d'une toife de largeur, fermé d'une barrière par laquelle, à la faveur du feu des

traverfes

traverses & de celui de l'angle flanqué du réduit, on pourra réattaquer la première partie de la demi-lune dans le cas où l'assiégeant parviendroit à s'en emparer.

 Menons parallèlement à l'escarpe du réduit son parapet de 3 ^{to} d'épaisseur partout au sommet, & terminons la crête du parapet de chacune des faces de cet ouvrage, au point où la rencontre une ligne menée d'un point pris sur la capitale de la demi-lune collatérale à 25 ^{to} en avant de son angle flanqué, par l'extrémité de la face ou épaule de la demi-lune. Perpendiculairement à cette dernière ligne tirons la ligne de crête de parapet du flanc du réduit, & arrêtons-la à 22 ou 24 toises de la crête de la place d'armes arrondie du centre du chemin couvert. Terminons les flancs du réduit par un arrondissement concentrique à celui de cette place d'armes, & faisons tout l'ouvrage à centre vide, avec un revêtement de gorge parallèle à celui de son escarpe, à 8 ^{to} 3 ^{pi} de distance, pour ne pas laisser à l'assiégeant, lorsqu'il s'en sera emparé, un terrain d'où il puisse battre avec avantage la tenaille & la courtine par-dessus la crête de leur chemin couvert. Pour diminuer encore & même réduire à rien au besoin les emplacemens que l'artillerie assiégeante pourroit vouloir occuper sur les terre-pleins, tant de la demi-lune que de son réduit, nous adossons à la gorge de l'une & de l'autre une galerie crénelée de 6 pieds de largeur, qui, facile à ruiner par le canon de l'assiégé, entraîneroit avec elle dans sa chute, sinon le canon assiégeant, du moins la plus grande partie du terrain sur lequel en seroient établies les batteries & leurs épaulemens. Pl. 59 et 60, fig. 3.

 Par cette construction nous avons une demi-lune & son réduit, desquels rien n'est en prise au ricochet que la première partie des faces de la demi-lune, joignant son angle flanqué, laquelle, fort courte, jouira encore de quelque abri immédiatement derrière les parapets de cet angle, & profitera d'ailleurs toujours plus ou moins de l'incertitude & de l'erreur où le défaut de parallélisme des deux lignes du sommet du parapet de cette partie, jettera nécessairement l'assiégeant lors de la position des batteries à ricochet qu'il établira contre elles.

En même temps l'angle flanqué de cette demi-lune est assez saillant pour intercepter, dès l'octogone (1), la dernière partie des faces des bastions, celle qu'il faudroit voir pour battre ces faces à ricochet; & cette saillie & la position de cette demi-lune, détachée de la place & de ses chemins couverts, ne permettent pas de songer à attaquer le chemin couvert du corps de place en même temps que celui dont nous enveloppons cet ouvrage, ni même avant que cet ouvrage lui-même ne soit au pouvoir de l'assiégeant.

(1) Nous avons annoncé qu'avec quelques efforts nous y parvenions aussi à l'heptagone; voici en quoi consistent ces efforts. Il faut rapprocher jusqu'à 8 toises seulement des angles flanqués, les points pris sur la crête du parapet des faces des bastions, dont l'intervalle sert de rayon aux arcs de cercle dont l'intersection détermine la position de l'angle flanqué de la demi-lune; ce qui en augmente évidemment la saillie : mais comme cette saillie ne suffiroit point encore pour intercepter complétement le prolongement de la dernière partie des faces des bastions de l'heptagone, nous parvenons à rendre celles-ci plus rentrantes & l'angle de ces bastions plus obtus, en donnant quelque chose de moins que le sixième du côté extérieur, à la perpendiculaire de chaque front de notre heptagone ; & comme cette perpendiculaire ne peut perdre de sa longueur sans diminuer celle des flancs, qu'il nous importe de conserver le plus longs possible, nous ne la raccourcissons que d'un dixième, ce qui suffit à l'objet que nous avons en vue.

Supplément, Liv. I. Chap. III.

Je trace la contrefcarpe de ma demi-lune en décrivant de fon angle flanqué, comme centre, avec un rayon de 8 toifes, un arrondiffement auquel je mène des tangentes parallèles à la première partie des faces de l'ouvrage. Je termine cette contrefcarpe aux points où de part & d'autre elle rencontre les lignes tirées des épaules de la demi-lune aux faillans du chemin couvert des demi-lunes collatérales (1), afin de démafquer aux flancs du réduit toute la crête de ce chemin couvert en entier. Sur cette contrefcarpe je conftruis un chemin couvert & fes traverfes, tels qu'on les voit planche 56, & fur les mêmes principes que j'ai conftruit le chemin couvert & les traverfes du corps de place, c'eft-à-dire, que j'en dirige les diverfes branches de manière que, paffant par l'extrémité des faces de la demi-lune, elles foient défendues, fur leur crête & fur la pente de leur glacis, par tout ce que cette demi-lune démafque du corps de place (2).

(1) C'eft-à-dire, à ces points déjà indiqués fur les capitales de ces demi-lunes, à 25 toifes en avant de leur angle flanqué; car n'ayant pas encore tracé leur chemin couvert, je ne me diffimule point que je ne devrois pas avoir le droit d'en parler; mais j'ai cru pouvoir anticiper ce droit d'un moment, pour être dès à préfent à même d'indiquer clairement mon motif, que fans cela l'on n'eût peut-être pas bien faifi.

(2) J'ai auffi été obligé de donner une attention toute particulière à régler les pentes du glacis de la tête que forme le chemin couvert de ma demi-lune à fon faillant, pour éviter que l'affiégeant n'y trouvât, dans la hauteur de la crête & des arêtes collatérales de ce glacis, un abri contre les feux du corps de place & des flancs hauts & bas des réduits des demi-lunes collatérales. L'arête & les gouttières du faillant aigu de cette tête font donc dirigées à un pied & demi ou deux pieds au-deffous de la genouillère du canon placé à l'angle flanqué de la demi-lune, ce qui les adoucit & les élève extrêmement; tandis que les deux arêtes collatérales

Après avoir de cette manière conftruit fur la contrefcarpe de ma demi-lune trois traverfes & trois branches de chemin couvert de chaque côté, je termine ce chemin couvert de chaque côté par une place d'armes, que je trace en formant à l'extrémité de la dernière branche du chemin couvert un angle de 100 degrés, par une ligne de 30 toifes de longueur, & en abaiffant de l'extrémité de cette ligne une perpendiculaire dirigée de l'épaule de la demi-lune au faillant du chemin couvert de la demi-lune collatérale. Un réduit fera conftruit dans chacune de ces places d'armes. Celle des deux faces de ce réduit qui eft deftinée à foutenir les branches du chemin couvert, fera parallèle à la face de la place d'armes qui a le même objet : la crête du parapet de l'autre face fera dirigée de manière à échapper à l'enfilade du couronnement du chemin couvert de la demi-lune, & en conféquence ira ficher dans cet ouvrage quelque peu en arrière de fon angle flanqué (1).

Les réduits & les traverfes du chemin couvert de la demi-lune, fans communication directe avec ce chemin couvert,

au contraire font dirigées à la crête du parapet du même angle, ce qui les ravale, & démafque les parties précédentes au feu du corps de place. Les autres arêtes de ce glacis de la demi-lune vont, par le même principe, rafer la crête du parapet des faces de cet ouvrage aux points vers lefquels elles font dirigées, tandis que les autres gouttières continuent au contraire à fe diriger à 2 pieds au-deffous de la genouillère du canon de ce même ouvrage.

(1) Il conviendroit peut-être de faire parallèle en tout à ce réduit le chemin couvert qui l'entoure. Par là feroit favorifée l'action de l'artillerie du corps de place fur le glacis de la demi-lune, qui lui eft mafqué jufqu'à un certain point par l'arête & la longue face de cette place d'armes, parallèle ou à peu près, au corps de place. Cette même face conferveroit encore 10 à 12

auront la leur affurée avec la demi-lune & même avec le corps de place, au moyen de la galerie magiſtrale qui régnera fous la banquette de ce même chemin couvert. Ces traverſes ſoutiendront la retraite de chacune des parties de leur chemin couvert, laquelle ſe fera par des eſcaliers qui feront adoſſés à ces traverſes, comme ceux du chemin couvert du corps de place le font à leurs traverſes reſpectives.

Mais je ne puis me difpenſer plus long-temps de parler de ces flancs bas en terre & fans foſſé qu'on voit à la demi-lune. Ils font là principalement pour couvrir le revêtement des flancs du réduit, dont ils peuvent au befoin doubler le feu à revers ſur les glacis des demi-lunes collatérales. Pour remplir par- faitement le premier de ces objets, chacun d'eux eſt prolongé juſqu'à la ligne qui joint l'extrémité du flanc du réduit à l'angle faillant du chemin couvert du baſtion collatéral.

La grande communication voûtée, ou caponnière cou- verte du corps de place, aboutira au centre vide du réduit de la demi-lune, à un puits ou *écoutille*, de même largeur que cette communication, & aſſez long pour pouvoir, au moyen de palans

toiſes de longueur, ce qui feroit fuffifant pour foutenir la branche voiſine du chemin couvert. On n'auroit d'ailleurs nullement à regretter l'eſpace retranché par-là à ce chemin couvert ; car il lui en reſteroit encore aſſez pour le raſſemblement en colonne d'une aſſez forte ſortie qui renforceroit encore au beſoin une troupe abritée par le profil du glacis de ce chemin couvert, ſur la queue du glacis du corps de place, laquelle pourroit, ou ſuivre la première par le petit eſcalier de la contreſcarpe du réduit, ou la ſoutenir ſur ſon flanc en débouchant à la queue de ce profil de glacis. On a marqué, ſur les planches 59 & 61, cette diſpoſition de chemin cou- vert, par une ligné ponctuée d'une manière très-ſenſible. C'eſt au lecteur à choiſir entre les deux manières : quant à moi, je ſerois décidément pour la dernière, que je regarde même comme une correction importante.

ou mouffles, aidés, s'il le faut, de cabeftans, enlever du fond de cette galerie les canons, affûts & camions chargés de munitions, qu'il fera néceffaire de faire paffer foit au réduit, foit aux diverfes parties de la demi-lune & de fes chemins couverts, fur lefquelles ils feront hiffés à l'aide de chèvres par-deffus les revêtemens de gorge ou de contrefcarpe de ces divers ouvrages. Ce puits fera couvert d'un blindage à l'épreuve de la bombe, fous lequel feront établies toutes les machines & manœuvres néceffaires à fon fervice, qu'une paliffade percée de barrières, plantée à la gorge du réduit, préfervera d'être troublé de nuit par quelque entreprife de l'affiégeant. De petits fourneaux ou camouflets, placés derrière les parois de ce puits & à la naiffance de la galerie, feront tenus prêts à mafquer cette entrée pour le moment où, le réduit étant pris, elle deviendroit de quelque danger pour l'introduction de l'affiégeant dans le fyftème de défenfe fouterraine du corps de place.

Mais je n'ai point encore parlé du relief de tous ces dehors, qu'on pourroit foupçonner de nuire au chemin couvert du corps de place. Pour empêcher que cela n'arrive, nous tenons les terre-pleins tant du réduit que des diverfes parties de la demi-lune au même niveau que la crête de ce chemin couvert, dans les points où elle eft à la vérité le plus élevée (1); c'eſt-à-dire, à 10 pieds au-deffous de la crête du parapet du rempart du corps de place. La crête de parapet tant de ce réduit que des diverfes parties de la demi-lune, ne fera donc

Pl. 61, fig. 1; et 60, fig. 3.

---

(1) Je prie qu'on veuille bien ici fe fouvenir du défilement de 2 pieds qui fe trouve des rentrans aux faillans de ce chemin couvert, dont l'effet fera que les divers plans de défilement de celui-ci pafferont de beaucoup au-deffus de la crête même des parapets de la demi-lune & de fon réduit.

fournife que de 2 pieds à celle du corps de place; & ces ouvrages avancés feront entre eux fans aucun commandement, qui, abfolument inutile pour leur permettre de faire à la fois feu l'un par-deffus l'autre, nuiroit à la propriété que nous avons cherché à lui donner, de fe dérober l'un par l'autre aux ricochets de l'affiégeant.

Le chemin couvert de la demi-lune n'aura non plus à fa crête aucun avantage fur celui du corps de place, la crête de fes faillans étant fournife de 8 pieds à celle du parapet de l'ouvrage, & celle de fes rentrans l'étant d'environ 10 pieds. Au refte on jugera d'un coup-d'œil des rapports de ces différens reliefs en les voyant repréfentés par les cotes de la planche 61, d'après lefquelles les gens du métier pourront, s'ils en font curieux, vérifier l'égalité qui fe trouve entre les déblais & les remblais de ma fortification, égalité néceffaire pour établir la poffibilité de fa conftruction. Des calculs affez étendus, dont je dois épargner l'ennui au public, mais auquel il étoit de mon devoir de me foumettre, m'ont démontré cette égalité du déblai au remblai du front de fortification dont la moitié eft cotée fur cette planche, & l'ont établie fur une maffe de terre de 22286 toifes cubes, formée de tout ce qui eft cenfé creufé au-deffous du terrain naturel, & tranfporté au-deffus de ce même terrain, pour produire par ces deux opérations le relief total de ce front. Si outre les gens du métier il y avoit des amateurs tentés de vérifier ce calcul, je les avertis qu'ils ne doivent point oublier d'avoir égard au folide des maçonneries, non plus qu'au vide des fouterrains, pour ne point porter en remblai les parties des unes ou des autres qui font au-deffus du terrain naturel, & pour ne point omettre de porter en déblai toutes celles de leurs parties qui fe trouvent au-deffous de ce même terrain; car il eft auffi évident que les dernières ont été déblayées, qu'il l'eft que les premières n'ont point été remblayées avec de la terre. J'avertis encore que je n'ai fuppofé que 3 pieds de fondation à toutes les maçonneries.

 Je n'ai pas, je penfe, befoin de revenir fur les conditions du problème que je m'étois propofé relativement à la conftruction de la demi-lune, ni de m'appefantir fur le fuccès vrai ou prétendu de tout ce que je viens de tenter pour les remplir. En effet, s'il y manque quelque chofe, auffi bien qu'à mes autres tentatives pour perfectionner la fortification actuelle, nous le découvrirons fans doute en faifant l'attaque & la défenfe de la place que je me fuis efforcé de perfectionner. C'eft donc à ce moment que nous devons remettre à corriger tout ce qu'il peut y avoir de défectueux, que cette épreuve ne manquera pas de nous faire découvrir, comme à confirmer tout ce dont elle nous aura démontré l'utilité.

EXPLICATION

EXPLICATION
des figures relatives à ce chapitre.

PLANCHE LIX.

Front d'un octogone fortifié suivant la méthode de l'auteur.

PLANCHE LX.

FIG. I. *Profil pris sur la ligne* CD, *planche LIX, qui fait voir la coupe suivant cette ligne, d'un des flancs de la tenaille & de sa batterie souterraine, de la caponnière souterraine & des deux demi-caponnières à ciel ouvert, en outre l'élévation du reste de la tenaille, où l'on peut remarquer l'ouverture par dehors des quatre embrasures de l'autre flanc de ladite tenaille.*

FIG. III. *Profil pris sur la ligne* EF, *planche LIX, qui fait voir la coupe suivant cette ligne, de la demi-lune, de son réduit & de son chemin couvert, où l'on peut remarquer la galerie magistrale sous le terre-plein de ce chemin couvert, les galeries a la gorge de la demi-lune & de son réduit, & la grande communication souterraine des mêmes ouvrages avec la place.*

PLANCHE LXI.

FIG. I. *Plan d'un demi-front de fortification, suivant la méthode de l'auteur, dont toutes les parties sont cotées de hauteur, tant pour en faire voir le relief que pour en calculer les déblais et remblais.*

CHAPITRE IV.

Des changemens à faire à la disposition des contremines.

Nous avons déjà, dans divers endroits de cet ouvrage, indiqué les principaux changemens que nous voudrions faire à cette partie de la fortification. Le premier seroit ou de ne point adosser la galerie magistrale immédiatement à la contrescarpe, ou dans ce cas, de l'enfoncer au-dessous du fonds du fossé jusqu'à la naissance de sa voûte, enfoncement que la nature du terrain peut ne pas toujours permettre. Le second seroit de ne communiquer de la place à cette magistrale, que par des galeries passant par-dessous le fossé ou tout au moins que par des portes placées uniquement dans les rentrans de la contrescarpe, & défendues en bas par des caponnières palissadées, & en haut par des réduits absolument à l'abri de l'insulte. N'est-il pas en effet absurde d'employer de grands frais pour fermer par-dessous terre l'accès de ses contremines à l'ennemi, tandis qu'on lui en ouvre en même temps un facile au-dessus du fond du fossé, soit par des portes véritables percées dans des parties de ce fossé, réellement accessible, soit par la foiblesse des pieds-droits de la galerie de contrescarpe, qu'un baril de poudre peut renverser?

On aura sûrement dans notre nouvelle construction remarqué la caponnière voûtée, au moyen de laquelle traversant le fossé au rentrant de la contrescarpe, sans le moindre risque, quelque bien établi que l'assiégeant puisse être de part & d'autre à ses deux saillans, nous pouvons communiquer avec une égale sûreté à notre galerie magistrale, si la nature du sol des fossés s'oppose à ce qu'on pratique par-dessous des galeries de communication entre celles d'escarpe & de contrescarpe. On y a pu voir aussi que notre galerie magistrale n'est point immédiatement adossée, mais chemine parallèlement à la contrescarpe, à 3 toises au moins de distance, en passant sous le talus de la banquette du chemin couvert à ses angles rentrans. Par là elle se trouve assez éloignée de la crête de ce chemin couvert à ses saillans, & même tout le long de ses branches, pour servir tous les fourneaux destinés à en renverser le couronnement sans risquer d'en être endommagée. Elle l'est également assez de la contrescarpe pour préserver celle-ci d'être renversée par les mêmes fourneaux qu'elle, attendu que recevant d'abord le souffle de ces fourneaux, elle en interceptera assez l'effet pour ne pas permettre qu'il s'étende jusqu'à cette contrescarpe. J'ai dit aussi comment elle sert à la communication de mes traverses à redan, ce qui d'ailleurs n'est pas de mon sujet actuel.

Mais maintenant voyons de quelle manière, à partir de cette magistrale, doit être ordonné le reste des contremines. Ne doit-il pas y avoir sur leur disposition des principes & des règles, & les galeries tant de communication & d'écoute que celles d'enveloppe & la magistrale, ne doivent-elles pas tenir leurs emplacemens, & les distances qui les séparent les unes des autres, de la profondeur du terrain & de l'intensité des effets qu'y peuvent produire les fourneaux tant de l'assiégeant que de l'assiégé? Quant à moi je croirois que les galeries d'écoute & de communication devroient être assez espacées entre elles pour que l'assiégeant n'en pût crever deux à la fois par le même globe de compreffion, & pour que celui que pourroit vouloir faire jouer l'affiégé, pût être placé de manière à n'en crever aucune ; c'eft-à-dire, que deux de ces galeries voifines & parallèles devroient être éloignées l'une de l'autre de neuf fois la plus grande ligne de moindre réfiftance ou plus grande profondeur du terrain à laquelle il foit poffible de parvenir fans rencontrer l'eau. Pour ce qui eft des galeries d'enveloppe ou parallèles à la magiftrale, il conviendroit auffi qu'elles fuffent affez éloignées les unes des autres pour que le globe de compreffion que l'ennemi feroit jouer contre l'une d'elles au plus près poffible, ne pût ébranler l'autre en arrière, & que par conféquent celle-ci fût éloignée de la première de quatre fois & demie la plus grande ligne de moindre réfiftance ou profondeur du terrain à miner.

Que fi l'on eft d'abord étonné de me voir rapprocher entre elles les galeries d'enveloppe au double des galeries d'écoute & de communication, & faire ainfi les *cafes* ou efpaces circonfcrits par les unes & les autres *demi-carrées*, au lieu d'en faire à l'ordinaire des carrés parfaits, j'efpère que cet étonnement ceffera en faifant une attention toute fimple ; c'eft que deux enveloppes ne peuvent être attaquées que l'une après l'autre & renverfées que fucceffivement, fi elles ne font rapprochées au point que le globe de compreffion appliqué au dehors de la première, faffe fentir fon action à la feconde, & c'eft à quoi nous pourvoyons en les tenant à une diftance l'une de l'autre de quatre fois & demie la longueur de la ligne de moindre réfiftance de ce globe fuppofé enfoncé au plus profond poffible. Deux écoutes ou deux communications au contraire peuvent être renverfées à la fois par un fourneau interpofé entre elles, à moins que la diftance qui les fépare ne foit plus que double du rayon de la fphère d'activité de ce fourneau, & fi en conféquence cette diftance n'eft neuf fois plus grande que la ligne de moindre réfiftance de ce fourneau, dans le cas où celui-ci feroit un globe de compreffion. Mais il y a plus, c'eft que les enveloppes font des lignes continues de défenfe fouterraine que l'ennemi ne peut percer fans y rencontrer le mineur affiégé & fans avoir partout à le combattre de front, & que les écoutes & les communications, au contraire, deftinées à le prendre en flanc & fur fes derrières s'il s'avance trop ou fans précaution, ne peuvent jamais, à quelque point qu'on les multiplie, opérer pour ce qui eft entre elles la même fécurité que donne une enveloppe pour ce qu'elle a derrière elle. On doit donc moins regretter que nos principes nous conduifent à rapprocher & multiplier les enveloppes, & à éloigner les galeries d'écoute & de communication les unes des autres, & par conféquent à en réduire le nombre.

Mais il y a encore, fur la difpofition des contremines, un autre principe bien connu, & que tout ce qui précède fuppofe en quelque forte, c'eft celui qui prefcrit de les placer à la plus grande profondeur à laquelle la nature du terrain permette de les enfoncer. Ce principe eft fondé non fur ce qu'un fourneau placé à une plus grande profondeur produit un entonnoir d'autant plus large & plus profond; car cet effet qui donne de grands efpaces couverts du feu de la place, eft en général contre l'intérêt de fa défenfe; mais fur ce que les fourneaux, quels qu'ils foient, fuffent-ils même des globes de compreffion, ont beaucoup plus de peine à enfoncer des galeries placées au-dessous de leur niveau, qu'ils n'en ont à crever celles qui se trouvent à ce niveau ou au-dessus(1). De là l'avantage évident qu'il y a dans la guerre de mineur à mineur à tenir le dessous du terrain ; car celui qui le tient peut plus contre son adversaire par de simples camouflets, ou si l'on veut, par de petits fourneaux qui ne vont pas jusqu'à faire entonnoir à la surface du terrain, que ne peut contre lui cet adversaire par des fourneaux ordinaires, & autant peut-être par des fourneaux ordinaires que ce dernier par des globes de compression : or c'est la guerre de mineur à mineur qui dans sa défense souterraine doit être le grand objet de l'assiégé; car du moment que l'assiégeant est forcément engagé dans une guerre souter-

(1) Ceci ne peut s'expliquer autrement que par l'arrangement général & primitif des couches de la terre qui, posées horizontalement les unes sur les autres, laissent entre elles des lits ou espèces de routes plus faciles à se rouvrir par l'effet de la poudre, que ne le peuvent être ces mêmes couches à se fracturer transversalement. Quand donc il est question d'enfoncer une galerie située au-dessous du niveau du fond de l'entonnoir d'un fourneau, la poudre éprouve une très-grande résistance à fracturer transversalement & à déplacer ces couches horizontales de la terre, dans la petite étendue qui répond précisément au vide de cette galerie : et qu'on ne m'objecte pas que la même résistance devroit également s'opposer à fracturer transversalement les couches supérieures au fourneau jusqu'à la surface du terrain ; car toutes ces couches, dans ce dernier cas, ne trouvant pas dans l'air un appui suffisant contre l'effort de la poudre, sont forcées de céder, d'abord en pliant & se bombant, puis enfin en se fracturant tout autour des parois de l'entonnoir, au moment où la poudre se faisant jour entraîne de proche en proche ce qui avoisine la colonne de terre qu'elle a verticalement au-dessus d'elle. Or on conçoit que pendant ce bombement des terres supérieures au fourneau, l'effort de la poudre se porte latéralement tout autour de l'entonnoir prêt à se former, par les lits horizontaux que ces terres laissent entre elles, & que s'il se rencontre des galeries dans la direction de quelques-uns de ces lits, elles seront enfoncées

raine, c'eſt ſur les progrès de celle-ci que ſe règle néceſſairement la marche de tout le reſte, et l'attaque ſupérieure à la ſurface du terrain n'y fait plus un pas qui n'ait été précédé par un pas fait à même hauteur par l'attaque du deſſous.

Mais peut-être me dira-t-on : ſi cet enfoncement des contremines eſt avantageux de mineur à mineur, il eſt certain qu'il ne l'eſt pas relativement aux travaux ſupérieurs de l'aſſiégeant ; car vous convenez que les grands & profonds entonnoirs lui fourniſſent de l'abri contre les feux de la place, & que, conſommant beaucoup de poudre, encore par cette raiſon ils ne conviennent nullement à l'aſſiégé, qui ne peut en multiplier le nombre & en réitérer les effets autant que

<small>à une diſtance plus grande du fourneau que n'eſt la diſtance de celui-ci à la ſurface du terrain : c'eſt ce qui fait que, dans la pratique ordinaire des fourneaux chargés pour faire des entonnoirs d'un diamètre double de leur ligne de moindre réſiſtance, on en bourre les rameaux juſqu'à une fois & demie la longueur de cette ligne, & que, dans l'uſage des globes de compreſſion ou fourneaux ſurchargés juſqu'à donner des entonnoirs d'un diamètre ſextuple de leur ligne de moindre réſiſtance, les galeries qui répondent horizontalement à quelque point de ces entonnoirs, ſont enfoncées à une diſtance quadruple de la longueur de cette même ligne. Quand, au contraire, des galeries ſe trouvent placées au-deſſous du niveau du fond de l'entonnoir, on remarque que les fourneaux chargés à l'ordinaire ne les crèvent plus qu'à une très-petite diſtance, & que les globes de compreſſion même ne les crèvent qu'à des diſtances de moins en moins grandes que le quadruple de leur ligne de moindre réſiſtance, à meſure que ces galeries s'enfoncent davantage ; & qu'ils ne les crèvent même plus du tout quand la différence de leur niveau à celui du fond de l'entonnoir excède la longueur de cette même ligne de moindre réſiſtance ; car alors l'enlèvement du terrain ſupérieur au fourneau, s'opérant avant l'enfoncement de la galerie, ouvre à l'effort de la poudre une iſſue aſſez vaſte pour qu'il s'y porte en entier, en ceſſant d'augmenter d'intenſité du côté de cette galerie.</small>

peuvent le demander les récidives & l'opiniâtreté de l'affiégeant? Ne vaut-il donc pas mieux prendre un jufte milieu entre ce qu'exige la défenfe purement fouterraine contre le mineur ennemi, & ce que demande la défenfe faite de l'intérieur à la furface du terrain contre les fapes & travaux fupérieurs de l'affiégeant, & en conféquence établir fes galeries à une profondeur moyenne?

Si l'on a bien compris ce qui précède, on n'aura pas, je crois, de peine à rejeter cet expédient, qui facrifieroit l'avantage évident du deffous du terrain à une forte de conciliation inutile par la facilité de faire de petits entonnoirs, & par la poffibilité de les produire par peu de poudre. Je dis inutile, parce que rien n'empêche de faire des entonnoirs de cette efpèce au moyen de nos profondes contremines, en en dérivant des rameaux montant en rampe jufqu'auffi près qu'on voudra de la furface du terrain; ceux-ci, pouffés en avant & fur les flancs des plus profonds, ferviront à renverfer les travaux fupérieurs de l'affiégeant. Ils pourront même les atteindre d'affez loin par des entonnoirs évafés, produits par une furcharge de poudre, qui n'en entraînera cependant qu'une dépenfe affez légère, attendu le peu de profondeur des fourneaux. Ce premier étage, croifant & attirant l'un vers l'autre les effets de ces différens fourneaux furchargés & évafés, ne fera employé qu'à bouleverfer les fapes de l'affiégeant, & tout au plus à diftraire l'attention de fon mineur, qui ne fera férieufement combattu que du fecond étage ou des profondes galeries, par de violens camouflets ou fourneaux affoiblis & jouant entre deux terres, où ils étoufferont & écraferont ce mineur dans fes travaux renverfés par une main invifible.

Les

Supplément, Liv. I. Chap. V.

Les contremines profondes, ou second étage des mines de l'assiégé, seront donc réservées pour la guerre de mineur à mineur, ou tout au plus, au cas que l'assiégeant ait fait la faute, après le jeu de nos mines du premier étage, de se trop avancer sur le dessus du terrain, pour le châtier de cette méprise, en faisant jouer quelque fourneau qui, culbutant ses travaux hasardés, l'oblige pour la suite à la plus grande circonspection.

Éclaircissons tout ceci par un exemple. On a vu que notre caponnière souterraine ou grande communication, étoit enfoncée de 3 pieds au-dessous du fond du fossé, (1) qui l'est lui-même de $19^{pi}\frac{1}{2}$ au-dessous de la surface du terrain. C'est donc en tout de $22^{pi}\frac{1}{2}$, que cette communication & tout notre système de contremines sont enfoncés au-dessous du terrain, enfoncement que nous supposerons ici être le plus grand auquel la nature de ce terrain ait permis de descendre; car s'il en permettoit davantage on ne devroit pas balancer à en profiter, pour descendre encore plus bas, en un mot au plus bas possible, afin de s'assurer d'une manière incontestable le dessous du terrain.

Pl. 61. fig. 2.

Cela posé, c'est donc de neuf fois cette quantité de $22^{pi}\frac{1}{2}$ ou de $30^{to} 4^{pi} 6^{po}$, que nos galeries de communication & d'écoute doivent être distantes entre elles, & de la moitié, ou

(1) Supposé que la nature d'un terrain aqueux s'opposât à ce que cette caponnière fût enfoncée au-dessous du fond du fossé, elle n'en auroit pour cela pas moins lieu; seulement en la relevant au niveau de ce fond de fossé, au lieu de lui donner 8^{pi} de hauteur sous clef, on ne lui en donneroit plus que 6, ce qui seroit à la rigueur suffisant, & en laissant toujours 5^{pi} tant de terre que de maçonnerie sur cette clef, la caponnière n'auroit encore alors à l'extérieur, par-dessus le fond du fossé, que 11 pieds de hauteur au lieu de 10, ce qui n'auroit pas sensiblement d'inconvénient.

Essai général de fortific. T. IV.

de 15 ^{to} 2 ^{pi} 3 ^{po}, que doivent l'être nos galeries d'enveloppe, ce qui portera la première de celles-ci, ou la plus voifine de la magiftrale, un peu en arrière des cavaliers de tranchée, & la feconde, à hauteur à peu près de la troifième parallèle. Ces enveloppes, ainfi que la magiftrale, feront, en outre des galeries de communication & des grandes écoutes en prolongement de ces dernières, défendues par d'autres écoutes percées de 10 ^{to} en 10 toifes, & pouffées en avant feulement de 5 ^{to} 4 ^{pi} ou une fois & demie la ligne de moindre réfiftance, pour pouvoir faire jouer à leur extrémité jufqu'à la furface du terrain, s'il le faut, des fourneaux qui n'entameront point ces enveloppes.

De la tête des grandes écoutes, auxquelles je fuppofe 15 toifes de longueur, partiront tranfverfalement des rameaux, montant de 8 ^{po} par toife, lefquels fe rejoignant à 12 pieds au-deffous de la furface du terrain, donneront une nouvelle enveloppe formant un courant d'air entre la tête des écoutes, au moyen de laquelle on pourra fervir des fougaffes & fourneaux à toutes fortes de profondeurs contre les travaux fupérieurs de l'ennemi.

En flanc de ces grandes écoutes & des galeries de communication, intermédiairement aux enveloppes, partiront auffi des rameaux montant d'un pied par toife, & arrivant à 12 pieds de la fuperficie du terrain. Les fourneaux qui les termineront, pourront, chargés au quadruple de la charge ordinaire, croifer parfaitement lenrs effets & fe recombler l'un l'autre. Je néglige d'indiquer tous les rameaux, retours & fourneaux qu'on peut dériver, foit des précédens rameaux, foit des communications & enveloppes, d'autant qu'ils dépendent tous des circonftances de l'attaque tant fouterraine que fuperficielle, & ne peuvent par conféquent être préparés d'avance à peine de s'expofer, tout en faifant beaucoup d'ouvrages inutiles, à en omettre encore d'eſſentiels. Je ne parle pas non plus des portes à clapet & des camouflets préparés derrière pour la fûreté de toutes ces galeries : c'eſt une précaution que je n'ai garde d'omettre. On peut voir, planche 43, fous quel mode je l'ai adoptée en traitant des contremines en général, & l'adapter facilement à mon fyſtème actuel de contremines.

Mais je dois dire que pour leur donner de l'air, qu'elles ne peuvent tirer de la magiſtrale) que j'ai, comme on l'a vu, éloignée pour de bonnes raifons de la contrefcarpe), je prolongerai juſqu'à cette dernière mes galeries de communication, de manière qu'elles tirent chacune du foſſé, par un créneau, de l'air qui, fe portant dans les enveloppes & s'y balançant avec celui qui y vient par les autres communications, y formera un courant falutaire.

On peut voir auſſi, planche 61, fig. 2, de quelle manière le fyſtème des contremines du glacis de la demi-lune fe lie à celui du corps de la place. Je prie furtout qu'on y veuille bien remarquer que l'affiégeant ne peut s'introduire dans ces contremines du glacis de la demi-lune par les galeries de gorge de cet ouvrage & de fon réduit, qui, élevées au-deſſus du fond des foſſés, pourroient être facilement enfoncées par des barils de poudre amenés contre leurs pieds-droits, comme elles font deſtinées à l'être par le canon de l'affiégé, au cas qu'après la prife de ces ouvrages l'affiégeant tentât d'y établir des batteries. Ces galeries de gorge n'auront donc de communication directe qu'avec la grande caponnière, & cette communication fera défendue par des portes deſtinées à être maſquées ſur-le-champ, au beſoin.

Ces mêmes galeries de gorge n'en auront pas moins en avant d'elles des écoutes pouſſées en deſcendant auſſi bas que le permet la nature du terrain, juſques ſous le revêtement d'eſcarpe des ouvrages auxquels elles appartiennent, afin d'établir, ſous les déblais des brèches que l'ennemi fera à ces ouvrages, des fourneaux qui faſſent ſauter ces déblais. Il en pourra auſſi au beſoin être tiré, en montant, d'autres écoutes pour faire jouer des fourneaux dans le ſommet de ces mêmes brèches.

Semblablement les brèches du corps de place tireront leur défenſe ſouterraine d'une galerie établie ſous le terre-plein des faces des baſtions, & pouſſant des écoutes en rampe, ſoit en deſcendant juſqu'à quelques pieds du parement extérieur de l'eſcarpe pour établir des fourneaux ſous les éboulis des brèches, ſoit en montant pour renverſer les logemens du ſommet de ces brèches. Cette galerie, prolongée de part & d'autre ſous les flancs des baſtions, aura ſes entrées ſous la jonction de ceux-ci avec la courtine, & par conſéquent toujours renfermées & couvertes par les retranchemens qui pourroient être faits dans l'intérieur de ces baſtions.

Indépendamment de ce que ces galeries reculées à 10 ou 12 toiſes de l'eſcarpe ſont beaucoup plus commodes que les galeries d'eſcarpe même, pour faire ſauter haut & bas les brèches, ſans riſquer d'être endommagées par leurs propres fourneaux; elles ſont encore beaucoup moins expoſées à être crevées par le mineur aſſiégeant, qui, s'attachant à l'eſcarpe, joignant les déblais de la brèche du côté de l'angle flanqué de l'ouvrage, pénètre facilement dans la galerie d'escarpe, dont il chasse l'assiégé au moyen de deux bombes, l'une chargée, après l'explosion de laquelle il entre, l'autre non chargée & portant seulement une fusée lente. Parvenu au-delà de la naissance des rameaux poussés par l'assiégé sous les déblais de la brèche, le mineur assiégeant se masque dans la galerie d'escarpe, qui alors lui sert à lui-même pour faire sauter sur toute la largeur de la brèche & à quelle distance il veut de l'escarpe, puisqu'il n'a plus désormais de contremines en tête à moins que le bastion ne soit plein & qu'il n'ait des galeries capitale & transversale. Si le sol du fossé étoit ici censé assez sec pour pouvoir être miné, je dirois aussi que les galeries d'escarpe peuvent encore être enfoncées de droite & de gauche de la brèche par des globes de compression ou fourneaux surchargés, placés sous ce fossé, lesquels ne pourront jamais endommager nos galeries à la distance où elles sont tenues du revêtement. Ces dernières nous resteront donc toujours pour disputer le terrain de la brèche, soit que l'ennemi l'ait faite par le canon, soit qu'il l'ait faite par la mine, même par le globe de compression.

Ayant représenté mes bastions vides & sans retranchemens, je me crois dispensé d'entrer dans le détail de tout ce que dans le cas contraire on y pourroit encore pratiquer de contremines.

Essai général de fortification,

EXPLICATION
de la figure relative à ce chapitre.

PLANCHE LXI.

FIGURE II.

Plan qui fait voir la difpofition donnée par l'auteur aux contremines d'un demi-front fortifié fuivant fa méthode. Les cotes écrites fur ce plan font voir les divers enfoncemens de toutes les galeries, dont la plupart font horizontales, & dont un certain nombre vont en montant, & quelques autres en defcendant. Il eft bon auffi de remarquer, 1.°, les efcaliers par lefquels on monte des galeries plus profondes aux galeries de gorge de la demi-lune & de fon réduit ; 2.° les galeries capitales de ces deux ouvrages & les rameaux qui en font dérivés, ainfi que ceux qui le font des galeries de gorge pour faire fauter haut & bas les brèches des mêmes ouvrages.

CHAPITRE V.

De la manière de mettre les hommes et les munitions à couvert du feu de l'ennemi.

On a vu plus haut, dans notre chapitre des approvifionnemens, Livre IV, à peu près tout ce qui fe pratique aujourd'hui à cet égard dans les places affiégées. On aura pu y remarquer combien d'embarras, de peines & de foins donne cette partie fi effentielle de la défenfe, fans laquelle aucune des autres ne peut marcher fûrement ni fubfifter long-temps. Mais ce qu'on n'aura peut-être pas aperçu ou pefé avec affez d'attention, c'eft l'incommodité & l'infuffifance de la plupart des moyens qu'elle emploie. Des fouterrains humides & mal aérés, à peine bons pour recevoir les denrées liquides; des bâtimens à demi-démolis, étançonnés & blindés fur le plancher de leur premier étage qu'on furcharge de 3 pieds de terre & de fumier pour réfugier les denrées fèches & l'hôpital, fans pouvoir empêcher que les eaux de pluie, qui filtrent au travers de ce lit de terre, ne viennent gâter les denrées & mouiller les malades dans leurs lits, quelque précaution que l'on prenne & quelque expédient qu'on emploie pour détourner ou recevoir les eaux de toutes ces gouttières; enfin des blindages formés de corps d'arbres inclinés contre des murs, pour recevoir fous leur abri les hommes fains de la garnifon & les y laiffer expofés à tout, hors à la chute des bombes, & dénués de toute efpèce de commodités & de reffources pour préparer leurs alimens, fécher leurs vêtemens & remettre leurs armes en état: tels font les moyens ufités, & qu'il faut bien employer faute de mieux, pour mettre les hommes & les munitions d'une place affiégée à couvert du feu de l'ennemi, à peine de ne pouvoir faire aucune défenfe. Auffi n'y a-t-il qu'un cri dans la plupart des places de guerre pour avoir des cafemates. Le grand défaut de telle place, dit-on, c'eft qu'elle n'a point de cafemates ; si l'on a fait fi peu de défenfe dans telle autre, c'eft parce qu'elle n'avoit point de cafemates : et l'on dit tout cela fans s'apercevoir qu'on ne peut citer celles que leurs cafemates ont fait défendre mieux que les autres. Au contraire, & pour nous borner à un feul exemple entre cent, de nos jours, Mahon ou le fort S.-Philipe de l'île de Minorque, fi renommé dans toute l'Europe pour le nombre & la beauté de fes fouterrains taillés dans le roc, n'a peut-être été pris fi facilement par les Efpagnols qu'à caufe de l'ufage qu'on y fit des cafemates pour loger les troupes; car, tandis que les remparts & l'intérieur du fort étoient parcourus en tout fens par les boulets & les bombes de l'afliégeant, le foldat afliégé, entaffé dans fes cafemates, dont il ne vouloit & même ne pouvoit, en quelque forte, plus fortir à caufe du danger qu'il trouvoit au dehors, y croupiffoit dans l'humidité, la malpropreté & la vermine: les maladies le gagnèrent & il fallut fe rendre avant que les défenfes de la place fuffent pour ainfi dire entamées. Dans le même temps, Gibraltar, où il y avoit auffi des cafemates, mais où l'on ne s'en fervoit que pour mettre les munitions à couvert, tandis que les hommes campoient, foit fur les divers plateaux de fon énorme montagne, foit à la pointe d'Europe, Gibraltar réfiftoit à un blocus de plufieurs années & fe jouoit des plus grands moyens d'attaque qu'enfin l'on déploya contre lui, par terre & par mer, dans un fiége de plufieurs mois.

Que

Que conclure donc de tout cela ? Que les casemates, tant regrettées là où il n'y en a pas, sont, là où elles existent, dangereuses & nuisibles à la santé des hommes qui les habitent, &, sous ce rapport, par conséquent tout au moins inutiles à la défense. Aussi les gouverneurs prudens, tels que celui de Gibraltar, ne les ont jamais fait servir à cet usage, les ont toujours réservées pour l'emplacement des munitions, & ont constamment tenu les troupes, ou campées dans quelque partie de la place à couvert du feu de l'assiégeant, ou gîtées sous des blindages, dont les inconvéniens, quoique reconnus, sont cependant moins graves & moins dangereux que le défaut de circulation d'air & celui d'élasticité de ce fluide, qui toujours, du plus au moins, ont lieu dans les souterrains.

On ne peut cependant se dissimuler que le soldat, logé sous des blindages, n'y éprouve bien des incommodités, auxquelles il seroit à désirer de pouvoir le soustraire, pour le rendre d'autant plus capable de soutenir les fatigues continuelles & extraordinaires d'un long siége, auxquelles celles de la campagne la plus vive n'ont rien de comparable. Est-il en effet concevable que, tandis qu'en temps de paix & jusqu'au moment du siége, on s'est appliqué à le loger dans des casernes saines & à le coucher dans des lits, on n'ait pu faire pour lui en temps de siége, où il auroit plus besoin que jamais d'être logé & couché de manière à se refaire de ses fatigues, rien de mieux que de le gîter sous l'abri de quelques troncs d'arbre appuyés à un mur, & de l'y coucher sur un peu de paille étendue par terre ? On ne peut en effet concevoir cette disparité, ou si l'on veut cette disparate, ni s'en expliquer la cause, que par l'impossibilité apparente de faire mieux.

Essai général de fortific. T. *IV.*

Mais où donc eft cette impoffibilité de loger le foldat dans des bâtimens à l'épreuve de la bombe? On en a bien fu faire pour loger les poudres; il n'y a pas plus de difficultés à en faire pour loger les troupes. A la bonne heure, dira-t-on, mais la dépenfe en feroit exceffive; & fi l'on a bien pu faire des cafernes pour les loger conftamment en temps de paix, peut-on en faire encore & de plus coûteufes pour les loger momentanément en temps de fiége?

Que de chofes n'y auroit-il pas à répondre fi déjà l'on n'étoit en état de prouver que des bâtimens à l'épreuve de la bombe ne font pas plus coûteux que ceux ufités jufqu'ici pour caferner les troupes; & fi ces mêmes bâtimens, feuls propres à recevoir les troupes en temps de fiége, n'étoient également propres à les loger en temps de paix, & n'avoient de plus l'avantage d'être en tout temps incombuftibles? Or c'eft de quoi s'eft affuré l'auteur de cet ouvrage, par un travail affez confidérable, que fon étendue ne rend pas fufceptible d'être rapporté ici, & qui d'ailleurs ne pourroit l'être, n'étant plus entre fes mains (1). Ce qui y donna lieu fut un programme publié en France par le confeil de la guerre qui y eut quelques momens d'exiftence, pour propofer un prix à quiconque donneroit le meilleur projet de cafernes. L'auteur crut devoir faifir cette occafion de tenter dans le cafernement des troupes un changement, qui devenoit bien plus important par fes rapports avec la défenfe des places, qu'il ne l'étoit par ceux qu'on cherchoit à lui donner avec le bien-être & la commodité des troupes, ainfi qu'avec la facilité d'y maintenir la meilleure difcipline. Il propofa donc des bâtimens voûtés à l'épreuve de la bombe, qui, n'ayant

(1) Il eft refté en France, au dépôt des fortifications à Paris.

qu'un rez-de-chauffée & point de charpente à leur comble, n'eussent pas été d'une construction plus coûteuse que les casernes à plusieurs étages, ayant chacun une charpente & un double plancher, & portant sur le tout une charpente de comble. Des *devis* ou estimations des deux sortes de bâtimens pour loger le même nombre de troupes, faits sur les mêmes prix pour chaque nature ou espèce d'ouvrages entrant dans leur construction, mirent la chose dans le plus grand jour, & même s'il y eut de l'avantage ou de l'économie d'un côté plutôt que de l'autre, il fut décidément en faveur de la nouvelle construction. Seulement elle demandoit des terrains bien plus étendus que l'ancienne; car elle déployoit à rez-de-chauffée uniquement les deux ou trois étages que l'ancienne élevoit les uns sur les autres.

Mais on ne comprendra pas bien peut-être, comment on peut faire des bâtimens logeables, & surtout bien éclairés, avec des murs assez épais pour porter d'aussi énormes voûtes: c'est que les murs qui supportent les voûtes, ne sont pas ceux où l'on perce des jours & des portes. Figurez-vous un pont soutenu par deux fortes culées, entre lesquelles il y a autant de piles minces, mais cependant de force suffisante pour partager ce pont en arches de 18 à 19 pieds de largeur. Si, lorsque ce pont sera construit, vous en fermez de chaque côté les arches par un mur de bâtiment, percé de portes & de fenêtres, vous aurez notre caserne. Chaque arche devient une grande chambre, prenant jour des deux côtés, & recevant par conséquent, quand on le veut, des courans d'air; chaque pile devient un mur de refend; l'extrados de chaque arche, terminé en cape, reçoit pour toute couverture

Pl. 60, fig. 7.

Pl. 60; fig. 5, 6 et 7.

de la tuile pofée en mortier, & le bâtiment, pavé dans fon intérieur, n'admet dans fa conftruction d'autre bois que celui de fes portes & de fes fenêtres.

Voilà donc un bâtiment très-convenable à être habité par des foldats; pas plus coûteux que les cafernes ordinaires, & ayant par-deffus ces cafernes les avantages de l'incombuftibilité & d'un entretien moins difpendieux, réunis à l'agrément d'être plus qu'elles frais en été & chaud en hiver. En temps de fiége, il n'y a, pour y être parfaitement à l'abri de la bombe, rien du tout à y ajouter que de le charger d'une couche de 2 ou 3 pieds de terre pour amortir le choc des bombes fur fes voûtes, & d'en blinder portes & fenêtres du côté où peuvent y arriver les boulets de l'affiégeant; car fes murs de face, que leur peu de hauteur derrière des remparts plus élevés qu'eux dérobe aux coups directs de l'artillerie ennemie, feront affez forts à $2^{\text{pi}} \frac{1}{2}$ d'épaiffeur qu'on peut leur donner pour réfifter aux coups de plongée (1).

Mais comment ces bâtimens, couverts de terre en temps de fiége, feront-ils moins expofés aux filtrations des pluies & à l'humidité que les fouterrains ordinaires? Ils le feront évidemment moins par leurs murs ifolés que ne le font ces fouterrains par leurs murs adoffés à des terres. Quant aux filtrations des pluies au travers de leurs voûtes, une précaution peu coûteufe & toute fimple peut les en garantir : c'eft, avant

(1) Si l'on penfoit différemment, on pourroit blinder la façade entière, expofée aux boulets de l'ennemi. C'étoit même ce que je propofois dans mon travail détaillé fur cette matière, lequel eft refté en France. Peut-être y auroit-il un parti mitoyen à préférer, qui feroit d'avoir en approvifionnement fuffifamment de bois de blindage pour en garnir au befoin les parties de murs qu'on verroit devenir l'égout des ricochets de l'affiégeant.

que d'y amener le lit de terre qui doit les recouvrir, de pofer fur la couverture de tuiles creufes que portent ces voûtes, une couverture de planches, qui empêche que les terres n'obftruent les canaux des tuiles, & permette conféquemment aux eaux de pluie de s'écouler librement par ces canaux. Au refte, s'il parvenoit quelque filtration jufqu'à nos épaiffes voûtes, il n'eft rien moins que certain qu'elle ne feroit pas abforbée par la siccité de leur maçonnerie, tenue jufqu'alors à l'abri de l'humidité, & bien différente de celle des fouterrains perpétuellement enterrés, lefquels, toujours imprégnés d'eau, n'en peuvent recevoir une feule goutte à la furface extérieure, par les filtrations, que cette même goutte n'en pouffe & n'en faffe fourdre à l'inftant une autre à la furface intérieure de cette maçonnerie. J'ai donc lieu d'efpérer qu'on fera pleinement raffuré fur l'article des filtrations & de l'humidité dans nos bâtimens, lorfque, le cas de fiége arrivant, ils feront au moment même recouverts de terre, avec la précaution que je viens d'indiquer.

Le foldat, de retour des attaques, du travail ou du bivouac, retrouveroit là, outre fon lit & fon havre-fac bien fec, un bon poêle (1) où cuiroit fa foupe & auquel il feroit fécher fes habits & fes armes. Les fenêtres, dont le bâtiment eft percé de part & d'autre, ouvertes tous les matins, y renouvelleroient l'air, & la propreté, facile à y entretenir au moyen d'une grande allée

---

(1) Je faifois aboutir le tuyau de ce poêle à celui d'une cheminée pratiquée dans un des deux murs de refend, & conftruite avec de grandes précautions pour réfifter à la pouffée des voûtes de part & d'autre. Ces précautions confiftoient à conftruire le tuyau de cette cheminée fur un plan elliptique, avec de la pierre de taille coupée en vouffoirs, ce qui ne

de 6 pieds ½ confervée entre les deux rangées de lits, & d'une petite de 18.po qu'on auroit ménagée de lit à lit, maintiendroit la fanté de la troupe, nourrie d'ailleurs, comme on l'a vu, Liv. IV, de bons alimens, dans la plus grande abondance. Cette branche donc de l'art, jufqu'ici trop négligée, déformais rappelée à fes vrais principes, reprendroit évidemment fur la défenfe une influence capable d'en affurer complétement la vigueur & la durée.

Veut-on maintenant fe former une idée de l'efpace qu'exigeroient de femblables bâtimens (car c'eft à peu près là que gît la feule objection qu'on puiffe faire encore contre l'adoption exclufive que je propofois d'en faire dans les places de guerre)? Qu'on foit prévenu qu'une chambre de 18 pieds ½ de largeur & de 38 pi ½ de longueur contiendra 16 lits de 3 pi 1 de large, ce qui, à deux hommes par lit, fera 32 hommes : dix chambres de cette efpèce logeront donc 320 hommes, & 100 en logeront 3200. Mais chaque chambre fera féparée de fa voifine par un pied-droit de voûte, ou mur de refend, de 3 pieds ½ d'épaiffeur, & les murs de face font de 2 pieds ½ ; l'efpace occupé par chaque chambre hors œuvre devra donc être compté à 22 pi de largeur fur 43 ½ de longueur : ainfi un corps de cafernes de dix chambres, capable de loger 320 hommes, aura 36 to 4 pi de long fur 7 to 1 pi 6 po de large ; & pour en loger le double, ou 640 hommes, il aura, toujours fur la même largeur,

<small>laiffoit pas que de faire une dépenfe qu'on peut éviter en pratiquant la cheminée dans un des murs de face, qui n'ont rien à démêler avec la pouffée des voûtes. Nous n'avons, au refte, marqué nulle part cette cheminée fur aucune de nos figures, tant parce qu'on peut la placer partout, que parce qu'on peut à la rigueur encore s'en paffer, & faire fortir, fi l'on veut, par les fenêtres, les tuyaux d'un ou de plufieurs poêles.</small>

Supplément, Liv. I. Chap. V.

73 ᵗᵒ 2 ᵖⁱ de long, non compris la fur-épaiffeur de fes deux pignons ou culées, néceffaire pour réfifter à la pouffée de fes voûtes & à la fecouffe qu'elles recevront de la chute des bombes; fur-épaiffeur de 8 ou 9 pieds fi le bâtiment, n'ayant point de caves, n'a fon rez-de-chauffée élevé que de 6 pouces au-deffus du terrain, & de 12 ou 14 pieds fi la commodité d'avoir des caves engage à relever ce rez-de-chauffée de 3 ou 4 pieds. Rien n'empêcheroit donc de placer un femblable bâtiment derrière la courtine de chaque front d'une place de guerre.

Mais fi les bâtimens civils de la place, antérieurement conftruits, occupoient cet efpace, on en pourroit chercher un autre, plus convenable peut-être, à la gorge de chaque baftion. Les culées du bâtiment feroient appuyées contre le terre-plein des courtines; & fi le baftion étoit plein, le bâtiment deviendroit lui-même la courtine d'un petit front de fortification qui ferviroit de retranchement à ce baftion. Pour cela, en cas d'attaque de ce côté, on furchargeroit d'un parapet la face antérieure du bâtiment regardant vers le baftion, tandis que fa partie poftérieure, regardant l'intérieur de la place, ne porteroit que le terre-plein du retranchement. Si je demande pour cela que le baftion foit plein, c'eft afin d'avoir une contrefcarpe qui couvre la maçonnerie de mon bâtiment, & furtout les pieds-droits de fes voûtes (1).

Pl. 60, fig. 4.

Pl. 60, fig. 8.

---

(1) Voilà en effet le feul avantage du baftion plein dans cette circonftance; car fi l'on pouvoit fe procurer dans un baftion vide la même contrefcarpe par un remblai en glacis, foumis dans toute fa pente aux feux d'artillerie & de moufqueterie du retranchement, cela feroit tout auffi bon & peut-être encore meilleur : en effet, alors l'affiégeant, au lieu de cheminer de plein-

il y a, au reste, une confidération fort fimple à faire pour ne pas être effrayé de la quantité de bâtimens de cette efpèce qu'exige effentiellement la défenfe de la plupart des places de guerre ; c'eft que, comme en temps de fiége il n'y a jamais qu'un tiers à peu près de la garnifon en repos, il fuffiroit de n'avoir de cette forte de caternes dans chaque place que pour loger au complet le tiers de la garnifon néceffaire à fa défenfe.

Mais en même temps il ne faut pas perdre de vue que de femblables bâtimens font également néceffaires pour loger l'hôpital & les denrées fèches de l'affiégé. Quant à fes provifions liquides & à fes falaifons, elles pourroient continuer à occuper les fouterrains de la place, s'il y en avoit, ou, dans le cas contraire, les caves qu'on auroit foin de pratiquer fous quelques-uns de nos nouveaux bâtimens. Quant à nous, qui avons fous les flancs de nos tenailles des fouterrains affez confidérables, nous nous fervirons de ceux de ces fouterrains qui ne feront point engagés dans l'attaque, & conféquemment point occupés par l'artillerie, pour y loger la plupart des matériaux de notre

pied pour s'approcher du retranchement, & en venir couronner la contrefcarpe, feroit obligé de defcendre le talus intérieur du rempart par tranchées blindées, à caufe de la difficulté de s'y couvrir autrement contre les coups d'écharpe du retranchement ; & arrivé au bas, il y feroit dans le véritable égout des pierres & furtout des bombes & des grenades de ce même retranchement, fans compter qu'il y feroit expofé à la plongée des coups directs des groffes & petites armes, avec plus d'avantage & d'effet qu'il ne l'eût été fur le terre-plein du baftion plein : or cette contrefcarpe en glacis fera toujours praticable dans un baftion vide, au moyen du déblai des fondations & de celui des caves de notre bâtiment, auquel on joindra, s'il le faut, les décombres de la ville, qu'on y fera mener jufqu'à ce que le glacis foit formé tel qu'on veut l'avoir.

par

défenfe, tels que gabions, fafcines, fauciffons, bois de plateformes, bois à brûler &c. Ils feront auffi très-commodes pour retirer les troupes de bivouac dans les dehors, étant parfaitement aérés, puifqu'ils font ouverts en entier par derrière & que pardevant ils donnent iffue à un courant d'air par leurs embrafures.

82 ESSAI GÉNÉRAL DE FORTIFICATION,

EXPLICATION
des figures relatives à ce chapitre.

PLANCHE LX.

FIG. VII. *Profil en long d'un corps de caſernes voûté, à l'épreuve de la bombe, dont les deux pignons ou culées ſont adoſſés aux terres du rempart de part & d'autre.*

FIG. VI. *Plan de ce corps de caſernes, dans une des chambres duquel on a marqué ſeize lits pour les trente-deux hommes qui doivent l'habiter. Chacune de ces chambres ſeroit chauffée par un ou deux poéles, ſur leſquels cuiroit la marmite de la chambrée.*

FIG. V. *Élévation de ce corps de caſerne, priſe du dedans de la place.*

FIG. IV. *Plan à vue d'oiſeau d'un ſemblable corps de caſernes, conſtruit à la gorge d'un baſtion plein, & y ſervant de courtine à un retranchement de la forme d'un petit front de fortification. L'eſcarpe & la contreſcarpe de ce petit front ſont conſtruites en entier, mais le foſſé de ſes faces n'eſt déblayé qu'au moment du beſoin, c'eſt-à-dire au cas où, la place étant aſſiégée, le baſtion ſeroit compris dans l'attaque. Pour ce même moment on formeroit le parapet du retranchement, ainſi que celui de ſon chemin couvert, dont on ſoutiendroit le talus intérieur par des gabions et faſcines. En général, tout ce qui reſteroit à faire pour ce moment de l'attaque, eſt exprimé par un ponctué, dont l'accord avec les lignes pleines du plan indique ſuffiſamment, à ce qu'on eſpère, l'état auquel alors ſera porté ce retranchement.*

FIG. VIII. *Profil en travers, pris ſur les lignes g h, h i des figures 4 & 6, qui coupe le corps de caſernes & la contreſcarpe du retranchement,*

& fait voir en élévation le revêtement du flanc & du commencement de la face du demi-front gauche du retranchement, ainsi que les parapets & banquettes du bastion retranché. On a ponctué aussi la coupe du parapet dont on chargeroit le corps de casernes, ainsi que l'élévation de celui du flanc & de la face du retranchement, & même encore l'élévation de la traverse & de la place d'armes arrondie du chemin couvert de ce retranchement, y compris la rampe de sortie de cette place d'armes.

CHAPITRE VI.

Attaque & défenſe d'une place ainſi perfectionnée.

Nous voici parvenus à l'épreuve à laquelle nous étions impatiens de ſoumettre nos idées; car nous répétons que juſqu'ici elles ne ſont point fixées; mais elles le feront, à ce que nous eſpérons, par le réſultat de l'opération qui fait la matière de ce chapitre.

Mais depuis que par notre livre IV nous avons agrandi le champ de nos conſidérations ſur la défenſe des places, il ne nous eſt plus permis de traiter cette matière d'une manière auſſi ſimple que nous l'avons fait précédemment, & nous devons y embraſſer les divers rapports aux troupes, à l'artillerie, aux travaux de la défenſe, aux mines & même aux approviſionnemens, que nous en avions écartés dans les premiers livres; car ce n'eſt que par la comparaiſon qu'on fera, ſous tous ces rapports, de notre place avec celles des divers ſyſtèmes, qu'on pourra décider, en pleine connoiſſance de cauſe, de la préférence à lui accorder ou à lui refuſer ſur telle ou telle de ces places.

Qu'on ne s'attende pas cependant que nous traitions ici ces diverſes parties de la défenſe avec toute l'étendue que nous leur avons donnée au livre IV; car ce feroit recommencer ce même livre ſous une autre forme; & loin de nous l'idée d'allonger encore une matière qui n'a déjà que trop de longueurs inévitables, ſous prétexte de la préſenter ſous une face, en apparence nouvelle, mais au fond la même quant à l'inſtruction que le lecteur en pourroit tirer. Nous ne ferons donc maintenant qu'indiquer fommairement les befoins & les reffources de notre place fous ces différens rapports, afin de ne laiffer fur rien, s'il fe peut, le lecteur en proie à des idées vagues, qui ne permettroient à aucune certitude de s'affeoir dans fon efprit.

Voyons donc d'abord ce qu'il y aura à faire dans notre place pour fa défenfe, avant l'ouverture de la tranchée. Quant à ce qu'il y aura à faire après, on le trouvera dans le journal d'attaque & de défenfe, que nous en ferons à double colonne, à l'ordinaire.

Auffitôt qu'on faura l'ennemi dans le voifinage de la place, & fans attendre qu'il l'ait formellement inveftie, on y fera toutes les difpofitions de troupes & d'artillerie qui y feront néceffaires tant pour prévenir une furprife que pour mettre la place en état de tenir l'ennemi éloigné, de quelque côté qu'il fe préfente. Pour cela on montera du canon à barbette à tous les angles flanqués des baftions & des demi-lunes, & des mortiers dans les places d'armes faillantes du chemin couvert de ces dernières, pour éclairer de nuit, par leurs balles ardentes, à la moindre alarme, les avenues de la place & furtout l'intervalle d'une demi-lune à l'autre.

En même temps que des canonniers & autres hommes attachés au fervice de l'artillerie veilleront près de ces canons & mortiers, ces derniers feront encore foutenus de part & d'autre, chacun par deux petits poftes de quatre hommes, placés dans les deux traverfes voifines du faillant du chemin couvert de chaque demi-lune. Deux autres petits détachemens de huit hommes feront poftés dans les places d'armes rentrantes de chaque demi-lune, & tiendront chacun deux fentinelles, l'une à l'angle faillant de la place d'armes, l'autre au pied de celle des branches de fon glacis qui regarde la demi-lune voifine, d'où fe faifant une difpofition femblable, il arrivera que les fentinelles des deux ouvrages fe communiqueront & que rien ne pourra paffer entre elles fans être aperçu. Pour appuyer le flanc extérieur de chacun de ces petits poftes des places d'armes rentrantes, & les délivrer de tout autre foin que celui de la furveillance de l'intervalle qui eft entre eux, d'une demi-lune à l'autre, nous mettrons auffi un petit pofte de quatre hommes dans la traverfe voifine. De cette manière, & au moyen de feize hommes au lieu de quinze & de quatre fentinelles au lieu de trois, chaque demi-front de notre place fera gardé par le dehors, comme le dehors de chaque demi-front d'une place ordinaire l'étoit au chapitre III de notre livre IV.

Je ne répéterai pas le refte des difpofitions relatives tant à la cavalerie qu'à la garde du corps de place par les flancs des baftions; je ne parle pas non plus du gros mortier établi à l'épaule de chacun de ceux-ci, & deftiné à éclairer de nuit par fes balles ardentes, en cas d'alarme, le pied du glacis dans l'intervalle d'une demi-lune à l'autre : mais ce que je ne puis me difpenfer de dire, c'eft ce que deviendront les petits détachemens des places d'armes rentrantes des demi-lunes, fi on les attaque. Après avoir fufillé de derrière la paliffade de ces places d'armes, ils finiront, fi on les brufque, par fe retirer derrière les flancs bas des demi-lunes, d'où ils prendront en flanc par leur feu tout ce qui pourra fe préfenter fur les faillans du chemin couvert des baftions, dont les barbettes d'ailleurs balaieront ces faillans, ainfi que tout l'intervalle d'une demi-lune à l'autre.

Quant aux petits détachemens des traverses, ils pourront tenir plus long-temps, bien assurés de ne pouvoir être joints de plein-pied par l'ennemi; ils resteront donc dans l'étage supérieur de ces traverses, tant qu'ils ne verront point qu'on tente de les escalader ou d'en couper la fraise ; & dans ce cas-là même ils se contenteront de descendre dans leur étage inférieur, d'où, bien enfermés au verrou, ils fusilleront l'ennemi par les créneaux de cet étage. Si celui-ci pénétroit dans l'étage supérieur de la traverse, & tentoit d'y briser la porte qui conduit à son étage inférieur, il en seroit empêché par le feu à cartouches du canon placé à barbette à l'angle saillant de la demi-lune, s'il s'adressoit aux traverses de la place d'armes saillante, & par celui d'une petite troupe de huit hommes postée sur chaque face retirée de la demi-lune, s'il s'adressoit aux traverses de la place d'armes rentrante; ces petites troupes ne feroient autre chose que le bivouac de la garde du chemin couvert de la demi-lune, de moitié pour cette garde.

 L'ennemi arrivé devant la place, & celle-ci formellement investie, aux dispositions précédentes se joindront celles de troupes portées en avant de la place, à 3 ou 400 toises de jour, & à 100 ou 120 de nuit, pour empêcher qu'on n'en puisse faire la reconnoissance, & pour reconnoître & découvrir soi-même, s'il se peut, les préparatifs de l'ennemi pour l'ouverture de la tranchée. Cent hommes par front, comme au chapitre III de notre livre IV, suffiront pour cet objet; mais comme il n'y a ici que le chemin couvert de nos demi-lunes qui soit en état de protéger leur retraite, nous épargnerons, relativement au soutien de cette retraite, si nous le voulons, les vingt-cinq hommes par front que dans la fortification ordinaire nous tenons dans la place d'armes faillante en avant de chaque baftion.

En même temps que ce fervice extérieur aura lieu, dès le premier moment de l'inveftiffement, & même plus tôt, fi l'on a dès-lors des raifons de croire à l'attaque réelle de la place, on s'occupera à mettre fur tous les bâtimens à l'épreuve de la bombe, la couche de deux ou trois pieds de terre qui y eft néceffaire pour amortir le choc des bombes fur leurs voûtes. Indépendamment des magafins à poudre, qui ne donneront ici ni plus ni moins de peine que dans les places ordinaires, nous avons à couvrir de terre l'hôpital, des cafernes pour le tiers au moins de notre garnifon tenu conftamment en repos, & le magafin des vivres pour la totalité : or, comme notre place eft un octogone, la totalité de fa garnifon, fuivant les fuppofitions du livre IV, & notamment felon les confidérations relatives à cette matière, rapportées au commencement du chapitre V dudit livre; la totalité, dis-je, de fa garnifon fera de 5000 foldats, à quoi ajoutant un cinquième pour les officiers, fergens, employés & valets, on aura à couvrir de terre, l'hôpital & les vivres d'une garnifon de 6000 hommes, & les logemens des 2000 hommes formant le tiers de cette garnifon tenu conftamment en repos.

Mais on a vu qu'il nous falloit, pour l'enfemble de l'hôpital & des vivres d'une garnifon de 4700 foldats, ou de 5640 hommes, y compris les officiers, employés &c., un efpace de 608 ^{to} 2 ^{pi} carrés de fuperficie : ainfi en augmentant cet efpace proportionnellement à l'augmentation de notre garnifon, il fera ici de 646 ^{to} carrées de fuperficie, équivalante à un bâtiment compofé de trente-trois chambres telles que nous les avons
décrites

décrites au chapitre précédent, & ayant conféquemment 124 ^{to} de long fur 7 ^{to} 1 ^{pi} 6 ^{po} de large.

D'un autre côté le logement de 2000 hommes conftamment en repos éxigera foixante-trois femblables chambres, ou trois bâtimens en contenant chacun vingt-un, & ayant par conféquent enfemble 240 toifes de longueur fur 7 ^{to} 1 ^{pi} 6 ^{po} de large.

Ce fera donc en tout une fuperficie de 2639 toifes carrées à recouvrir de 2 ou 3 pieds de terre, ou une maffe d'environ 1100 toifes cubes de terre à tranfporter fur ces bâtimens.

Mais en fuppofant des terres à portée, aux deux bouts de chacun de ces bâtimens, ces terres auront un tranfport moyen de 30 toifes en rampe, & d'environ 15 toifes en terrain uni; ce qui demandera, pour faire ce tranfport à la brouette, quatre hommes fe relayant, plus un cinquième & au plus un fixième homme à la fouille & au chargement de cette brouette: or un atelier ainfi compofé de cinq ou fix hommes ne pourra guères tranfporter moins de deux toifes cubes de terre par jour de douze heures de travail; ainfi nos 1100 toifes cubes n'exigeront qu'environ 3000 journées de douze heures de travail, lefquelles pourront être facilement fournies pendant le temps de l'inveftiffement, par les bivouacs des gardes extérieures & autres fervices de la place.

On fe tient auffi dans notre place conftamment prêt, dès le premier moment de l'inveftiffement, à faire, dès l'ouverture de la tranchée, fur le front en face duquel elle s'ouvrira, les tranfports & le feu d'artillerie décrits au chapitre Ier du livre IV.

J'avois d'abord penfé à faire l'attaque & la défenfe de ma place, armée de contremines, telles que je les ai décrites au

Effai général de fortific. T. IV.

chapitre IV du livre actuel; mais il en eût résulté dans le journal que j'aurois été obligé d'en faire, une longueur & une complication, qui m'ont, je l'avoue, effrayé : cela eût d'ailleurs eu l'inconvénient d'empêcher qu'on ne pût comparer cette place à aucune des autres dont nous avons donné l'attaque & la défense fans cet acceſſoire, qui feroit ici plus confidérable peut-être que le fond. Nous ne pourrons cependant nous empêcher de mêler à notre attaque & défenſe un peu de guerre fouterraine, y ayant fous les chemins couverts, tant du corps de notre place que de ſes dehors, une galerie magiſtrale qui, abſolument néceſſaire à la communication des traverſes à redan, eſt de l'eſſence du ſyſtème, & y ayant auſſi à la demi-lune & à ſon réduit des galeries de gorge, leſquelles, ſervant pareillement à la communication de ces dehors & veillant par leurs créneaux à en empêcher la ſurpriſe par leur gorge, ne ſont pas moins que la galerie magiſtrale inhérentes au fond de notre mode de fortification.

JOURNAL.

ATTAQUE.   DÉFENSE.

PREMIÈRE NUIT.

L'aſſiégeant, après avoir rempli tous les préliminaires d'inveſtiſſement & de circonvallation, ſi toutefois celle-ci eſt jugée néceſſaire, & avoir fait tous les préparatifs convenables à l'ouverture de la tranchée, procède à cette opération. Ses reconnoiſſances l'ont conduit à préférer

L'aſſiégé, averti que la tranchée s'ouvre, ne perd point de temps à tirer ſur ce travail de toutes celles de ſes barbettes qui peuvent l'atteindre. Il fait ce feu à ricochet, tant pour ménager ſa poudre & ſes pièces que pour en multiplier les effets & atteindre à la fois les troupes qui exécutent le travail, celles

ATTAQUE.

d'attaquer la place par deux demi-lunes & un baſtion, plutôt que par deux baſtions & une demi-lune; car l'établiſſement à faire ſur cette dernière, préliminaire indiſpenſable avant de s'attacher aux baſtions, éprouveroit, entre ſes deux collatérales intactes, de bien plus grandes difficultés que n'en rencontrera l'établiſſement ſimultanément fait ſur les deux demi-lunes, attaquées par celles de leurs faces qui ſe regardent réciproquement. C'eſt donc en face du baſtion 3 du centre & des deux demi-lunes collatérales 7 & 8 qu'il ouvre la tranchée.

Mais il a encore ici à choiſir entre deux partis: l'un, de ſe contenter d'embraſſer par ſa première parallèle & par ſes batteries à ricochet, les deux demi-lunes 7 & 8 de l'attaque; l'autre, d'étendre cette parallèle & ces batteries à ricochet, juſqu'à pouvoir enfiler la face droite de la demi-lune 6, & la gauche de la demi-lune 9, qui prendront en flanc tous les cheminemens ſur les capitales des demi-lunes 7 & 8, & en rouage les batteries à ricochet établies contre ces ouvrages. Le choix entre

DÉFENSE.

qui le couvrent, & même celles qui le ſoutiennent en arrière, s'il y en a.

En même temps il tranſporte ſon artillerie légère & de réſerve ſur les fronts qui font face à cette ouverture de tranchée, & en fait, par plongée par-deſſus ſes parapets, un feu à ricochet meſuré, quant à ſa portée & à ſa fréquence, ſur la diſtance à laquelle l'aſſiégeant a entrepris ſon travail.

Les avant-poſtes ſe replient & ſe raſſemblent à la gorge des demi-lunes les plus voiſines du travail de l'ennemi, où ils attendent les ordres qu'on pourroit leur donner d'aller le troubler par une ſortie; & ſur cela nous obſerverons que les intervalles laiſſés ſans chemin couvert entre nos demi-lunes ſont extrêmement favorables au débouché & à la retraite de ces ſorties, & qu'ils ſont preſque excluſivement propres à faciliter des ſorties de cavalerie, dont la retraite par des barrières eſt toujours extrêmement délicate & dangereuſe, pour peu que cette troupe ſoit pouſſée vivement.

Au jour, on rectifie le tir & la poſition de ſon artillerie, & l'on s'occupe d'en garnir ſuffiſamment les différens ouvrages, ſuivant leur action plus ou

ATTAQUE.

ces deux partis peut dépendre des moyens en hommes & en artillerie de l'affiégeant : s'il en a peu, il fe reftreindra au premier, qui peut fuffire à mener, quoiqu'avec plus de difficultés que le fecond, à la prife de la place ; s'il en a beaucoup, il ne balancera pas à prendre le fecond parti (1). Quant à nous, qui fuppofons qu'il a à fa difpofition tous les moyens requis pour l'attaque la plus vigoureufe de notre place, nous lui faifons prendre ce fecond parti & embraffer par fa première parallèle les quatre demi-lunes. Il ouvre donc cette parallèle à 300 toifes des faillans du chemin couvert de ces quatre demi-lunes,

DÉFENSE.

moins directe, & leur influence plus ou moins utile fur le travail de l'ennemi.

En même temps l'affiégé, qui reconnoît quels ouvrages font attaqués, & qui n'a ni tambours à faire, ni double paliffade à planter dans fon chemin couvert, ni flèches à conftruire en avant, ne doit pas perdre de temps à commencer un retranchement intérieur au baftion 3 du centre de l'attaque, bien certain que cette attaque finira par y aboutir. Quant aux deux baftions collatéraux, qui femblent auffi être compris dans l'attaque, il attendra pour y faire des retranchemens que cette attaque, plus avancée, paroiffe fe décider réellement vers l'un ou l'autre de ces baftions.

---

(1) On nous dira peut-être : " Vous n'embraffez, dites-vous, par votre pre-
„ mière parallèle & vos batteries, les demi-lunes 6 & 9, que parce que
„ ces demi-lunes prendroient en rouage les batteries à ricochet établies
„ contre les demi-lunes 7 & 8 ; mais les batteries à ricohets établies contre
„ les demi-lunes 6 & 9. éprouveront le même inconvénient de la part des
„ deux demi-lunes collatérales à ces deux dernières : vous devriez donc,
„ par la même raifon, embraffer celles-ci, & après celles-ci, les deux der-
„ nières de la place, dont vous feriez ainfi le tour par votre première
„ parallèle & vos batteries à ricochet ? "

A cela je réponds que, quelque parité qu'il y ait entre la pofition des batteries à ricochet établies contre les demi-lunes 6 & 9, & celle des batteries du même genre établies contre les demi-lunes 7 & 8, par rapport aux demi-lunes collatérales, il n'y en a cependant aucune entre l'importance qu'il y a de protéger les unes, & celle de défendre les autres contre les

ATTAQUE.

& en même temps des communications en arrière fur leurs capitales.

Au jour, il rectifie & perfectionne le travail de la nuit.

DÉFENSE.

Le retranchement du baſtion 3, quelque forme qu'on juge à propos de lui donner, doit comprendre & couvrir les entrées des galeries faites ou à faire ſous le rempart, deſtinées à faire ſauter les brèches & à diſputer le deſſous du terrain de l'intérieur du baſtion. C'eſt ici le lieu de remarquer que, s'il y a à la gorge du baſtion 3 une de nos caſernes voûtées à l'épreuve de la bombe, le travail de retrancher ce baſtion en ſera extrêmement abrégé, & ne conſiſtera qu'à charger la caſerne d'un parapet & à creuſer le foſſé des faces du retranchement, dont l'eſcarpe & la contreſcarpe auront été revêtues en maçonnerie dès la conſtruction de la place ou de la caſernes. Voy. Pl. 57, fig. 4.

feux latéraux ; car ce ne fera qu'entre les tirs des batteries à ricochet contre la face gauche de la demi-lune 7 & la droite de la demi-lune 8, que ſe feront tous les cheminemens & que ſe paſſera pour ainfi dire toute l'attaque. Ces batteries font donc les ſeules véritablement eſſentielles de l'attaque, & celles qu'il importe par conféquent le plus de maintenir en état de faire tout leur effet ; les autres ne font donc évidemment que fecondaires, & pourvu qu'elles réuſſiſſent à favoriſer les premières, leur objet eſt rempli : ce qu'elles ont à ſouffrir du feu de l'aſſiégé, importe donc infiniment moins à l'aſſiégeant & au ſuccès de l'attaque que ce qu'en ont à ſouffrir les premières. Il n'y a donc pas les mêmes motifs de faire pour le leur épargner, ce qu'on fait pour défendre les batteries à ricochet contre les demi-lunes 7 & 8.

ATTAQUE.

DÉFENSE.

Les mineurs assiégés pourront aussi, dès ce premier jour, s'occuper à pousser, de la galerie magistrale, des rameaux en capitale des demi-lunes 7 *&* 8, *recroisés d'un double. T.*

Ils pourront également, en partant des galeries de gorge de ces demi-lunes & de leurs réduits, pousser tant dessous qu'au milieu de la hauteur de l'escarpe de ces ouvrages, des rameaux terminés par des fourneaux destinés à faire sauter haut & bas les brèches qui seront faites à ces mêmes ouvrages.

Des travaux souterrains correspondans sont également convenables, tant sous la crête du chemin couvert du bastion 3, *que sous son rempart : mais à moins d'avoir assez de mineurs pour tout faire à la fois, on peut remettre à les entreprendre, au moment où la plupart des autres seront terminés ; car la défense des demi-lunes donnera du temps de reste pour préparer la défense souterraine du bastion.*

Deuxième Nuit.

L'assiégeant achève la première parallèle & commence l'établissement de ses premières batteries : elles sont au nombre de six, perpendiculaires

L'assiégé, qui le jour précédent a transporté son canon léger & ses obusiers ou mortiers montés sur affûts de canon, dans le chemin couvert de ses

ATTAQUE.

chacune à un prolongement de face de demi-lune, qu'elles battront à ricochet ainsi que son chemin couvert, tandis qu'une partie de leurs pièces, tirant pardessus ce chemin couvert & le fossé de la demi-lune, battront de plein fouet la face de bastion en arrière, & que, labourant le parapet de l'autre face du même bastion, elles l'écharperont fortement & en enfileront peut-être même quelques parties.

Ainsi la batterie à ricochet contre la face droite de la demi-lune 6 & son chemin couvert, écharpera la face droite du bastion 2.

La batterie à ricochet contre la face droite de la demi-lune 7 & son chemin couvert, tirera de plein fouet à la face gauche du bastion 3 & en écharpera la face droite.

La batterie à ricochet contre la face gauche de la demi-lune 7 & son chemin couvert, battra de plein fouet la face droite du bastion 2.

La batterie à ricochet contre la face droite de la demi-lune 8 & son chemin couvert, battra de plein fouet la face gauche du bastion 4.

DÉFENSE.

quatre demi-lunes attaquées, & qui a renforcé l'artillerie de ces demi-lunes de toute celle des demi-lunes qui ne voient pas l'attaque, à une pièce près laissée sur leur angle flanqué, fait de toute cette artillerie, ainsi que de celle du corps de la place, un feu à ricochet principalement dirigé sur les capitales des demi-lunes & sur le prolongement de leurs faces, dans la vue d'atteindre tant les travailleurs des cheminemens, s'il s'en fait, que ceux des batteries à ricochet, que déjà l'assiégeant pourroit entamer cette nuit.

Au jour, découvrant pleinement le travail de ces batteries à ricochet, & conséquemment le but qu'elles auront, il y dirige tout son feu & se dispose à leur dérober autant que possible son artillerie.

Pour cela il transforme les barbettes de ses bastions en batteries à affûts de place à la Gribeauval, qui, élevant la genouillère des pièces à 5 pieds audessus de leurs plateformes, les mettent en état de tirer par des embrasures d'un pied seulement de hauteur, & si l'on veut même sans embrasures (1). Il a dû commencer, dès le

---

(1) Pour s'épargner le travail de renfoncer ainsi ces barbettes, on devra

ATTAQUE.

La batterie à ricochet contre la face gauche de la demi-lune 8 & son chemin couvert, tirera de plein fouet à la face droite du baftion 3, & d'écharpe à la face gauche.

Enfin la batterie à ricochet contre la face gauche de la demi-lune 9 & son chemin couvert, écharpera la face gauche du baftion 4.

Chacune de ces batteries doit être forte & nombreufe, tant pour remplir la multiplicité des objets qui lui font affignés, qu'afin de fuppléer, s'il fe peut, par le nombre des pièces, à l'imperfection de la direction de leur tir, qui au lieu d'enfiler les objets qu'il s'efforce de prolonger,

DÉFENSE.

jour précédent, à convertir les barbettes de fes demi-lunes en batteries à embrafures, en ayant foin de n'en percer que dans celles des faces de ces ouvrages qui regardent le centre de l'attaque, outre l'embrafure percée en capitale de chacun d'eux : il place auffi quelques pièces derrière la coupure de chaque face de ces demi-lunes, où elles fe trouvent couvertes contre l'enfilade par cette coupure, comme par une traverfe, et contre les coups d'écharpe, par la faillie de la première partie de la demilune, comme un flanc retiré l'eft par fon orillon.

Prévoyant auffi que les batteries auxquelles travaille l'ennemi combat-

---

avoir donné à celles du corps de place, en les conftruifant, 6 pieds de genouillère, pour y fervir, par des embrafures d'un pied de haut, de l'artillerie montée fur de femblables affûts ; ce qui fera fans inconvénient, le champ du tir de ces barbettes étant confidérablement rétréci par la pofition des demi-lunes collatérales, dont les barbettes, au contraire, ayant le champ le plus vafte, feront conftruites à l'ordinaire. On conviendra, j'efpère, que s'il eft un emplacement avantageux à ces pièces à affûts de place, c'eft, fans contredit, l'angle flanqué de nos baftions, dont les côtés, fur 18 toifes au moins de longueur, font exactement couverts contre l'enfilade par la faillie des demi-lunes collatérales : ce qui fera que ces pièces, battues feulement directement & d'écharpe, n'auront rien à fouffrir dans leurs affûts, ni rien abfolument à rifquer du canon ennemi, que d'en être bleffées au corps ; cas infiniment rare, à caufe du peu de furface que ce corps offre à frapper.

les

ATTAQUE.

les écharpe seulement sous un angle à la vérité extrêmement aigu.

Toutes ces batteries ne seront armées que de canons, afin de foisonner en ricochets : on n'ajoute point de mortiers suivant l'usage; on les réserve pour les batteries de la deuxième parallèle, où à moindre portée ils jouiront de plus de justesse.

Au jour on poursuit vivement le travail de ces batteries.

DEFENSE.

tront l'artillerie des faces de ses bastions, et désirant éviter ce combat, auquel à la longue il n'a rien à gagner, il commence à préparer à l'avance des emplacemens à cette artillerie, aux flancs droits des bastions 1 et 2, et aux flancs gauches des bastions 4 et 5, où, sans être en prise au feu de l'ennemi, elle n'en tirera pas moins efficacement à ricochet sur les cheminemens des attaques, et même sur les batteries de l'assiégeant. Il met par des parades les flancs droits du bastion 2 et les gauches du bastion 4 à l'abri des batteries des ailes de l'attaque : il peut même, s'il le veut, derober ce canon aux bombes comme aux boulets de l'assiégeant, en le plaçant dans les flancs casematés des tenailles en avant des flancs de bastions que nous venons de désigner.

TROISIÈME NUIT.

L'assiégeant poursuit vivement le travail de ses batteries malgré le feu qu'il reçoit en tous sens de l'artillerie de l'assiégé, qui a eu un jour entier pour prendre & assurer ses directions. Pour attirer ailleurs une partie de ce feu, ou avancer un autre travail qui n'en soit pas inquiété, il

L'assiégé continue à profiter des nombreux emplacemens qu'offrent à son artillerie ses ouvrages, ses demi-lunes surtout, pour prendre d'écharpe, et toujours à ricochet, le travail des batteries de l'assiégeant : il doit aussi cette nuit, où les pièces et les munitions doivent arriver à ces batteries, leur

ATTAQUE.

ouvre & pousse en avant de sa première parallèle, des boyaux de communication sur les trois capitales des demi-lunes 7 & 8 & du bastion 3, jusqu'à peu de distance des points où il compte établir sa deuxième parallèle (1).

Il amène, avant la fin de la nuit, pièces & munitions à les batteries, pour peu que leur intérieur soit disposé à recevoir les unes & les autres.

Au jour, il achève de tout disposer dans ces batteries, pour qu'elles puissent, dans le courant du jour, commencer à la fois leur feu contre la place.

DÉFENSE.

prodiguer les obus et les bombes dont il n'aura le jour précédent tiré que de quoi s'assurer de leurs portées.

Les pièces en capitale des demi-lunes et du bastion 3 ne doivent pas cesser de tirer sur cette direction, pour y rencontrer le travail des communications de l'assiégeant, s'il en pousse cette nuit en avant, ou au moins ses allées et venues en arrière de sa parallèle, s'il ne fait en avant aucun travail.

Au jour, on tire quelques coups de plein fouet sur le travail imparfait des communications; puis on réunit successivement tout son feu sur chacune des batteries de l'ennemi, pour parvenir à en mettre quelqu'une en désarroi complet. Les barbettes partout regarnies de canon solidement établi, et les bat-

---

(1) Ici où je m'attaque moi-même, je dois, pour n'être point, même à mes propres yeux, suspect de me ménager, conduire l'attaque de mon mieux & sans profiter d'aucun des défauts de la méthode usitée : en conséquence on me verra quelquefois m'écarter de l'usage & y substituer ce que je crois plus conforme à la raison. C'est ainsi que je ne termine point ici mes communications par des amorces de deuxième parallèle, à peu de distance de laquelle je me contente d'arriver; car ces amorces avertissent l'assiégé, précisément 24 heures à l'avance, de la position que prendra cette parallèle, & du moment où elle sera exécutée; circonstances sur lesquelles il seroit cependant bon, ce me semble, de le laisser dans quelque incertitude. Ceci soit dit, une fois pour toutes, de tous les travaux du même genre qu'on a coutume d'annoncer ainsi par des amorces.

ATTAQUE.	DEFENSE.
	teries en arrière des coupures des demi-lunes maintenant en état de tirer, donneront de grandes facilités pour cela, et permettent l'espoir ou de tenir jusqu'au soir les batteries assiégeantes hors d'état de tirer, ou, si déjà elles tirent, de les combattre jusqu'à cette époque avec avantage.

QUATRIÈME NUIT.

L'assiégeant, s'il est parvenu le jour précédent à ouvrir le feu de ses batteries & à en régler l'élévation & la charge, le continuera vivement cette nuit. Alors, & non autrement, il poursuivra le travail de ses communications & entreprendra celui de la deuxième parallèle qui doit les réunir : il arrêtera cette parallèle à ses extrémités, aux points où elle pourroit commencer à gêner le tir des batteries à ricochet contre la face droite de la demi-lune 7 & la gauche de la demi-lune 8, & même contre leur chemin couvert. Il ré-	Si l'assiégé a reconnu en avant de la première parallèle quelque boyau qu'il lui soit possible de prendre d'enfilade par quelque contr'approche peu éloignée du chemin couvert de ses demi-lunes collatérales à l'attaque, il fera cette nuit cette contr'approche et la garnira de canon léger pour en faire feu au jour (1). Il recommencera le feu de ses mortiers et obusiers contre les batteries assiégeantes, sans cesser de tirer du canon à ricochet, tant contre ces batteries que contre le travail de la deuxième parallèle & surtout de ses communications.

(1) Il faut cependant convenir que, d'après nos suppositions précédentes, la chose ne peut avoir lieu ici : elle ne seroit faisable qu'au cas que les batteries à ricochet ne seroient établies que beaucoup plus tard, comme en avant de la deuxième parallèle, ou qu'il n'y en auroit point du tout d'établies contre les demi-lunes 6 & 9.

ATTAQUE.

fultera de là que, quoi qu'il puiffe arriver, les quatre batteries les plus effentielles à l'attaque, celles qui enfilent ou écharpent les quatre faces des demi-lunes & les quatre faces des baftions, qui exercent contre cette attaque l'action la plus directe, conferveront leur activité fans interruption jufqu'à la fin du fiége.

Si, au contraire, fes batteries n'avoient pu régler leur feu le jour précédent, il emploieroit la nuit à les mettre de tout point en état de le commencer avec effet au jour fuivant.

Au jour, on rectifie le feu de toutes les batteries à ricochet, & on le mefure, quant à la charge & à l'élévation des pièces, fur l'obfervation attentive de la portée & du fuccès des premiers coups.

On reconnoît auffi & l'on détermine, pour y travailler la nuit fuivante, l'emplacement de cinq batteries de mortiers en avant de la deuxième parallèle : favoir, deux à petite portée, vers les ailes de cette place d'armes, pour envoyer leurs bombes tout le long des faces droite de la demi-lune 7, & gauche de la

DÉFENSE.

En même temps les faillans et furtout les premiers crochets du chemin couvert des demi-lunes 7 et 8, garnis de fufiliers, feront agir leur moufqueterie, et des forties faites, foit par les barrières de ce chemin couvert, foit par l'intervalle qui fépare l'un de l'autre ceux qui enveloppent chaque demilune en particulier, pourront troubler et peut-être même interrompre et arrêter ce travail. On peut ici remarquer qu'une fortie fur le centre de l'attaque, et dirigée fuivant la capitale du baftion 3 ou à peu près, cheminera hors du tir des batteries affiégeantes, avec fes flancs parfaitement appuyés tant d'artillerie que de moufqueterie, et qu'elle aura fa retraite à peu près fûre par le même chemin.

Au jour on retirera fon artillerie de tous les poftes où elle feroit trop en butte à l'artillerie affiégeante déformais dans tous fes avantages. On mafquera les embrafures des barbettes des demilunes, & fi le canon qu'on en retire ne pouvoit y trouver en arrière du parapet un emplacement fûr & favorable pour tirer par plongée pardeffus ce même parapet, on pourroit dès-à-préfent le placer fur les réduits des

SUPPLÉMENT, LIV. I. CHAP. VI.

ATTAQUE.

demi-lune 8, ainsi que le long de leur chemin couvert; les trois autres à longue portée, savoir celle du centre, pour jeter ses bombes à l'angle flanqué & le long des deux faces du bastion 3, les deux autres pour jeter leurs bombes, l'une sur la face & le flanc droits du bastion 2, l'autre sur la face & le flanc gauches du bastion 4.

DEFENSE.

demi-lunes, dans des embrasures d'où il tireroit en toute sûreté par plongée pardessus les parapets de ces demi-lunes.

Outre les emplacemens déjà désignés à l'artillerie du corps de place sur les flancs des bastions & des tenailles, on peut lui en trouver d'autres également favorables sur les courtines adjacentes au bastion 3, d'où elle pourra, parfaitement couverte contre l'artillerie assiégeante, tirer à ricochet sur le cheminement du centre & en général sur le centre des attaques.

CINQUIÈME NUIT.

On travaille, en avant de la deuxième parallèle, aux cinq batteries de mortiers qu'on vient de désigner, & en même temps on y ouvre des boyaux de communication sur les trois capitales de l'attaque. Les feux de l'assiégé, qui s'y croisent en tous sens, pourront rendre ce travail assez périlleux pour exiger qu'il soit fait à la sape pleine; dans tous les cas on ne le fera marcher que lentement jusqu'à ce que les batteries de mortiers soient en activité.

Au jour on continue les mêmes

On fait sur l'assiégeant, & particulièrement sur ses cheminemens, un feu d'artillerie croisé en tout sens, & un feu de mousqueterie qu'on a soin d'augmenter à mesure qu'il s'avance, en garnissant de proche en proche, de fusiliers, les diverses parties du chemin couvert des demi-lunes, aussitôt qu'elles deviennent à portée de l'atteindre de cette arme.

Au jour on dirige son feu, soit sur les tranchées, soit sur le nouveau travail des batteries de mortiers, suivant que l'imperfection respective de ces divers travaux y promet à ce feu un succès plus facile.

ATTAQUE.	DEFENSE.
travaux avec plus de précaution encore que la nuit.	

SIXIÈME NUIT.

On achève les batteries de mortiers, ou au moins on les met en état de recevoir leurs pièces & leurs munitions, qu'on y amène avant la fin de la nuit.	On fait sur les batteries de mortiers le plus grand feu, surtout de bombes & d'obus, dont on a assuré la portée le jour précédent, afin d'y empêcher ou rendre périlleux l'apport des pièces, & surtout des munitions, qui doit s'y faire cette nuit.
On continue aussi à pousser à la sape pleine les communications sur les trois capitales de l'attaque.	On ne néglige point non plus d'écharper à ricochet, en tout sens, les zigzags de l'ennemi, & de redoubler dessus, à mesure qu'ils approchent, le feu de la mousqueterie des chemins couverts.
Au jour on met les batteries de mortiers en état de tirer, & l'on travaille le reste du jour à en assurer les portées de manière à remplir, dès la nuit suivante, les divers objets pour lesquels on les a établies.	
On pousse également à la sape le travail des communications.	Au jour on dirige son feu sur la tête des sapes, & l'on réunit successivement sur chacune des batteries de mortiers la plus grande partie des effets de son artillerie, pour essayer de réduire quelques-unes de ces batteries au silence, ou au moins d'en troubler le service, de manière à ce qu'elles ne puissent parvenir à régler leur feu de la journée.

SEPTIÈME NUIT.

Si les zigzags poussés à la sape sont déjà parvenus à 75 ou 80 toises des	A mesure que l'assiégeant avance, il se met en butte à de nouveaux feux,

ATTAQUE.

faillans du chemin couvert des deux demi-lunes 7 & 8, on fera, de droite & de gauche des capitales de ces demi-lunes, des demi-places d'armes fort courtes, qu'on ne pouffera que jufqu'au tir des batteries à ricochet fur le chemin couvert. Si, de ces batteries à ricochet, celles du centre de la première parallèle fe trouvoient mafquées déjà par la deuxième parallèle, on joindroit alors les deux demi-places d'armes l'une à l'autre, c'eft-à-dire, qu'on feroit du tout une troifième parallèle : fi au contraire ces batteries à ricochet du centre jouiffent encore de toute leur action, l'on fe gardera de les mafquer par une troifième parallèle continue, mais on fera en tête de la communication du centre une troifième demi-place d'armes ; non pour y mettre, comme dans les deux autres, des batteries d'obufiers contre le chemin couvert, mais pour y barrer le chemin & s'oppofer aux forties, qui autrement auroient trop de facilités à tourner & à envelopper les deux demi-places des ailes. C'eft de cette dernière manière que notre attaque eft cenfée procéder & qu'elle

DEFENSE.

non-feulement de moufqueterie des différentes parties du chemin couvert à portée defquelles il parvient, mais d'artillerie cachée, c'eft-à-dire, dérobée aux coups de l'artillerie affiégeante.

Déjà depuis long-temps en prife à l'artillerie des flancs des baftions et des tenailles, il s'expofe maintenant à celle que l'affiégé ne peut manquer d'établir aux flancs hauts & bas des demi-lunes et de leurs réduits, laquelle, fans rien rifquer des batteries affiégeantes, qui ne peuvent la voir, pourra tirer de part et d'autre fur les travaux des capitales des demi-lunes 7 et 8, foit de plein fouet, foit à ricochet, ainfi qu'il conviendra mieux aux circonftances et à l'état de ces travaux.

Cette nuit donc l'affiégé pourra tranfporter et faire agir fur les flancs droits des réduits des demi-lunes 6 et 7, et gauches de ceux des demi-lunes 8 et 9, ainfi que fur leurs flancs bas, quelques canons qu'il aura retirés des lieux où ils étoient le plus expofés. Ces canons font placés là dans des embrafures ouvertes à l'avance, pour pouvoir, dès le premier moment, tirer de plein fouet ou à ricochet à volonté.

Les facilités pour les forties augmen-

ATTAQUE.

eft repréfentée fur la planche 59. Le feu des batteries de mortiers en pleine activité favorife, ainfi que celui des batteries à ricochet, l'exécution de ces travaux.

Au jour on perfectionne le travail de la nuit, & l'on détermine l'emplacement des batteries dans les demi-places d'armes, celles d'obufiers aux ailes de l'attaque, pour enfiler les différentes branches du chemin couvert des demi-lunes 7 & 8, & celles de canon mêlé d'obufiers dans la demi-place d'armes du centre, pour battre de plein fouet l'angle flanqué & les deux faces du baftion 3 de l'attaque, & en rafer même s'il se peut le parapet.

DEFENSE.

tent aufi à mefure que l'ennemi avance fur les trois capitales fans place d'armes qui réuniffe fes communications : c'eft le cas d'en tenter de petites, qui toujours inquiètent et retardent, et de finir par quelque grande fortie qui foit décifive et culbute les travaux. L'à-propos de celle-ci confifte fpécialement à prendre l'affiégeant dans le temps de l'exécution de fes demi-places d'armes.

Au jour on canonne avec plus de précifion les nouveaux travaux de l'affiégeant.

HUITIÈME NUIT.

On travaille aux batteries ci-deffus indiquées dans les demi-places d'armes, defquelles en même-temps on débouche en fape double & debout, le défilement des zigzags devenant trop difficile par l'extrême faillie des demi-lunes collatérales. On n'ouvre dans les demi-places d'armes des ailes qu'un feul débouché fur les capitales des demi-lunes

L'affiégé continue d'accabler par un feu d'écharpe croifé en tout fens la tête des travaux de l'ennemi, particulièrement de ceux qui cheminent en capitale des deux demi-lunes. Si, ce qui ne dépend que de lui, il a maintenu quelques pièces à l'angle flanqué de fes demi-lunes et au faillant de leur chemin couvert, ces pièces prendront les demi-places d'armes fur les capi-
7 & 8,

ATTAQUE.

7 & 8, mais on en ouvre deux dans celle du centre, l'un à droite, l'autre à gauche de la batterie qui y est établie ; & pour ne pas masquer cette batterie, on dirige les sapes qui partent de ses extrémités, chacune à l'extrémité du chemin couvert de la demi-lune dont elle est le plus proche.

Au jour, continuation du travail des nouvelles batteries, & si l'on peut, des sapes doubles & debout.

DÉFENSE.

tales des demi-lunes qui leur sont réciproquement collatérales, d'écharpe tellement oblique que cela équivaudra à l'enfilade à bien peu de chose près.

Au jour tous les ricochets dirigés de leur premier bond sur la tête des nouvelles sapes, sans que leurs autres bonds soient perdus pour le reste des travaux de l'assiégeant, empêcheront ces nouvelles sapes de cheminer, et forceront l'assiégeant d'en remettre le progrès à la nuit suivante.

NEUVIÈME NUIT.

L'assiégeant achève ses nouvelles batteries dans les demi-places d'armes, & y amène pièces & munitions. En même temps il pousse en avant ses sapes doubles & debout, destinées à être ses communications à la troisième parallèle.

Au jour ses nouvelles batteries ouvrent leur feu, & si elles n'en imposent pas à celui de l'assiégé, du moins le forcent-elles à de nouvelles dispositions d'artillerie, & même de mousqueterie.

Feu de mortiers et d'obusiers, redoublé sur les nouvelles batteries de l'assiégeant. Feu de mousqueterie et de canon à l'ordinaire, croisé sur les quatre têtes de sapes.

En même temps, pour échapper à l'effet des nouvelles batteries qui doivent jouer au jour, on retire de derrière les branches du chemin couvert des demi-lunes, le canon et la mousqueterie qui s'y trouvent ; et l'on place le premier immédiatement derrière les divers crochets de ce chemin couvert, et la mousqueterie, tant derrière ces mêmes crochets que sur les traverses en arrière. Des pierriers sont placés aux saillans

Essai général de fortific. T. IV.   **O**

ATTAQUE.   DÉFENSE.

                      de ce chemin couvert, et reculant le canon de l'angle flanqué du baſtion 3, on ne le fait plus tirer par ſes embraſures, mais par plongée par-deſſus ſon parapet, en ſorte que portant ſes boulets de leur premier bond ſur la nouvelle batterie du centre de l'attaque, leurs autres bonds ſoient tous au profit des cheminemens et autres travaux en arrière.

                      D'un autre côté la poſition nouvelle de ce canon, quelque peu reculée qu'elle ſoit, le dérobe tout-à-fait aux coups d'écharpe des batteries de la première parallèle; & le parapet du baſtion, de quatre toiſes d'épaiſſeur à ſon angle flanqué, met ce canon parfaitement hors d'atteinte des coups directs de la nouvelle batterie ennemie du centre de l'attaque, d'autant qu'il reſte & de l'eſpace & toutes les terres de la barbette pour épaiſſir encore ce parapet par le dedans, s'il en eſt beſoin.

DIXIÈME NUIT.

L'aſſiégeant, parvenu à peu près à mi-chemin de ſes demi-places d'armes aux faillans du chemin couvert des demi-lunes 7 & 8, y entame une troiſième parallèle interrompue

L'aſſiégé continue à faire ſans riſque feu du canon de ſes flancs cachés de demi-lunes, de réduits, de tenailles & même de baſtions, ſur les travaux que pouſſe l'aſſiégeant ſur les capitales

ATTAQUE.

à son centre, pour ne pas masquer la batterie du milieu de la demi-place d'armes du centre de l'attaque. Le feu de cette batterie & des batteries d'obusiers en pleine activité, joint à celui de toutes les anciennes batteries, prépare & favorise le succès de ce travail.

Au jour il perfectionne les sapes ébauchées de la nuit bien plutôt qu'il ne peut les prolonger.

DÉFENSE.

des demi-lunes. Il fait de semblables feux, sur les approches du bastion 3, des embrasures en biais qu'il a percées dans les deux courtines adjacentes à ce bastion ; le tout sans préjudice aux autres feux, tant d'artillerie que de mousqueterie, qu'on pourra faire de tous les emplacemens favorables qu'offrent çà & là en grand nombre les remparts & les chemins couverts tant du corps de la place que des dehors.

Au jour tous ces feux sont principalement dirigés sur la tête des sapes, avec plus de précision qu'ils n'ont pu l'être de nuit.

ONZIÈME NUIT.

On pousse le plus vivement qu'on peut les sapes de la troisième parallèle, qui n'ont marché de jour qu'avec une extrême lenteur, & l'on travaille à établir dans les parties achevées de cette place d'armes, en face des saillans du chemin couvert des demi-lunes, des batteries de pierriers destinées à faire abandonner totalement à l'assiégé ces saillans & l'étage supérieur des traverses qui les soutiennent.

Au jour, la troisième parallèle doit

Outre tous les feux décrits précédemment, lesquels deviennent toujours plus meurtriers, surtout ceux de pierriers, l'assiégé peut, s'il le veut, troubler encore le travail des sapes de la troisième parallèle, par de fréquentes sorties, rassemblées derrière les traverses du chemin couvert des demi-lunes 7 & 8, & débouchant de ce chemin couvert par les barrières les plus rapprochées de ces saillans. Un bout de traverse en gabionnade fait à l'amont de ces barrières, permettra à

ATTAQUE.

être finie, & l'on achève de la mettre en état de répondre, par un feu vif de pierriers & de mousqueterie, à celui de cette espèce qui lui est fait des chemins couverts.

DÉFENSE.

l'assiégé d'y arriver à couvert des obus & des ricochets de l'assiégeant. Un coup d'œil jeté, planche 59, sur la position de ces barrières, suffira pour faire comprendre de quoi il est ici question.

DOUZIÈME NUIT.

On amène pièces & munitions aux batteries de pierriers de la troisième parallèle, de laquelle on débouche par deux sapes destinées à couper perpendiculairement les capitales des demi-lunes, à 12 ou 13 toises de la pointe du saillant de leur chemin couvert, pour en faire un logement d'où le mineur assiégeant puisse attaquer le mineur assiégé jusques dans sa galerie magistrale.

Au jour, les batteries de pierriers ouvrent leur feu contre les saillans du chemin couvert des demi-lunes & leurs traverses.

L'assiégé retire ses pierriers des places d'armes saillantes du chemin couvert des demi-lunes, pour les placer sur le rempart de ces ouvrages, derrière la pointe de leur angle flanqué, où ils seront hors de la portée des pierriers de l'assiégeant, mais non hors de celle des travaux ultérieurs qui lui restent à faire.

Au jour, le feu de l'assiégé se dirige sur les nouvelles sapes de l'assiégeant, & si elles se sont assez avancées pour être à la portée des pierriers qu'on vient de placer aux angles flanquées des demi-lunes, elles en recueillent les premiers coups.

TREIZIÈME NUIT.

On achève les logemens commencés la nuit précédente.

Au jour, on ouvre dans chacun de ces logemens trois puits, l'un sur la

L'assiégé, qui voit pousser des sapes & établir des logemens à peu de distance de son rameau d'alerte, doit y écouter avec grande attention, pour s'y

ATTAQUE.	DÉFENSE.
capitale de la demi-lune, les deux autres à droite & à gauche du premier, à 7 ou 8 toises de distance, pour aller placer des fourneaux sous la crête du chemin couvert, lesquels puissent crever la galerie magistrale & endommager les traverses voisines des saillans.	opposer à tout cheminement souterrain que l'ennemi pourroit entamer du fond de ces logemens. Au jour, entendant creuser des puits, il commence à tout préparer pour charger un fourneau (1), qui, en endommageant le logement, détruira le puits que l'on y creuse sur la capitale.

Quatorzième nuit.

On continue à creuser les trois puits dans chacun des deux logemens à mineurs, faits en avant des saillans du chemin couvert des demi-lunes 7 & 8. Au jour, après le jeu du fourneau de l'assiégé, l'assiégeant se tra-	On achève la charge & le bourrage du fourneau placé à l'extrémité du rameau d'alerte. Au jour, on le fait sauter (2) ; il renverse le centre du logement & détruit le puits creusé en capitale. On dirige aussitôt sur les débris de ce loge-

(1) L'assiégé agiroit d'une manière plus profitable à sa défense & plus conforme aux règles de la guerre souterraine, s'il se contentoit d'attendre sans bruit le mineur assiégeant jusqu'à la portée du camouflet, pour, après le lui avoir donné, charger & faire jouer ensuite son fourneau. J'omets souvent ici les intermédiaires, tant pour abréger que pour ne pas prêter à l'assiégé une conduite trop déliée, qui me feroit suspecter de partialité en sa faveur.

(2) La figure ne représente pas le jeu de ce fourneau, ni même aucune opération souterraine de l'assiégé ; elle omet également une partie des opérations de ce genre faites par l'assiégeant : on a été obligé d'en user ainsi pour ne pas rendre tout-à-fait inintelligible le dessin, qui n'est malheureusement déjà que trop compliqué. Au reste le lecteur qui nous aura suivi jusqu'ici doit maintenant en savoir assez pour pouvoir se passer de ces petits détails, & suppléer de lui-même à leur omission.

ATTAQUE.

verse de part & d'autre de la brèche faite à son logement, & continuant à creuser les deux puits qui lui restent, entre par leur fond en galerie quand ils sont parvenus à profondeur.

En même temps il est préparé & extrêmement alerte, tant dans ses logemens que dans la troisième parallèle qui les soutient, pour repousser toute sortie que l'assiégé pourroit faire sur ces logemens.

DÉFENSE.

ment toute l'artillerie qui peut en voir l'intérieur, & si l'on croit pouvoir en culbuter le reste par une sortie, on la tente.

QUINZIÈME NUIT.

On rétablit le centre des logemens en arrière de l'entonnoir qui les a renversés, & l'on y recommence un puits sur la capitale. On poursuit le travail des galeries qui partent du fond des deux autres puits, & l'on redouble de précautions pour repousser toutes sorties & les empêcher de pénétrer dans les logemens à mineurs.

L'assiégé doit, à l'entrée de la nuit, tout tenter pour pénétrer par une sortie dans les logemens de l'assiégeant, et pour y détruire les puits qui peuvent s'y trouver, au moyen de bombes de 8 pouces ou de sacs de poudre apportés à cet effet par la sortie.

SEIZIÈME NUIT.

Continuation du travail des galeries de droite & de gauche des capitales des demi-lunes. On continue aussi à creuser les puits en capitale de ces demi-lunes, & à

L'assiégé ne doit point, suivant l'usage, se hâter de charger les fourneaux qu'il a préparés à l'extrémité des doubles T qu'il a faits pour défendre la crête de son chemin couvert; mais

ATTAQUE.

pousser de leurs fonds, sur ces capitales, des galeries destinées principalement à attirer l'attention du mineur assiégeant, pour la détourner des deux capitales collatérales.

DÉFENSE.

bien plutôt s'en servir pour écouter la marche souterraine de l'assiégeant, et s'y opposer, soit en marchant à lui de son côté, soit en l'attendant, pour le repousser par un camouflet ou pour le faire sauter par un fourneau.

DIX-SEPTIÈME NUIT.

Comme la précédente.

Comme la précédente.

DIX-HUITIÈME NUIT.

Comme la précédente.

Comme la précédente.

DIX-NEUVIÈME NUIT.

On termine les galeries collatérales aux capitales des demi-lunes, à 14 ^{to} de distance des puits où elles ont pris naissance.

Au jour on creuse une chambre de mine au bout de chacune de ces galeries, & l'on prépare la caisse de leurs poudres.

En même temps on pousse en avant de la troisième parallèle quatre sapes doubles & debout, destinées à s'arrêter à hauteur des saillans des chemins couverts des demi-lunes.

Le mineur assiégé, s'il n'a point été au-devant du mineur assiégeant, ce qui eût toujours produit le bon effet de le retarder dans sa marche, se tient du moins prêt à faire jouer contre lui un fourneau entre deux terres, ou un violent camouflet, quand il s'apercevra qu'il charge ses globes de compression, afin d'en rompre le bourrage ou au moins d'en déranger les saucissons.

VINGTIÈME NUIT.

On fait le transport de la poudre dans les mines que l'on charge en globes de compression, & comme

Dès le moment où l'assiégé entend le bruit de la charge et du bourrage des fourneaux de l'assiégeant, il ne doit

ATTAQUE.	DÉFENSE.
elles ont environ 25 pieds de ligne de moindre résiftance, chaque fourneau reçoit une charge de 7500 liv. de poudre. On fe hâte de bourrer ces mines fur la fin de la nuit & dans le courant du jour fuivant, pour les faire jouer, s'il fe peut, à l'entrée de la vingt-unième nuit. On continue à pouffer en avant de la troifième parallèle les quatre fapes doubles & debout commencées la nuit précédente.	pas perdre de temps à charger lui-même ceux qu'il deftine à jouer entre deux terres, et pour en augmenter l'effet et le déterminer vers l'ennemi, il peut percer du côté de celui-ci, à quelques pieds dans les terres, des trous de trépans, dans lefquels il fera entrer une partie de la charge de fes fourneaux.

Vingt-unième nuit.

L'affiégeant fait jouer deux globes de compreffion de part & d'autre du faillant du chemin couvert de chacune des deux demi-lunes 7 & 8. Ils forment fous chacun de ces faillans un entonnoir oblong de 40 toifes de long fur 24 de large, qui crève la galerie magiftrale de part & d'autre de fes faillans, & ébranle & fait peut-être écrouler la pointe des deux traverfes, de part & d'autre auffi de chacun de ces faillans. Il répare auffitôt fes logemens fur le bord de ces grands entonnoirs, & travaille fur le champ à y établir des batteries pour achever de ruiner	*L'affiégé, auffitôt qu'il s'eft remis du défordre où le jettent la commotion et les déblais lancés par les globes de compreffion, fait fur les logemens ébranlés de l'affiégeant un feu vif d'artillerie et de moufqueterie; puis, avant la pointe du jour, il doit faire fur les mêmes logemens, tant par le dedans que par le dehors du chemin couvert, une fortie pour les culbuter dans les entonnoirs.* *Indépendamment de ces difpofitions extérieures, il en doit faire de non moins efficaces dans l'intérieur de fa galerie magiftrale, de part et d'autre des points où elle a été rompue, pour* *les*

ATTAQUE.

les traverses de chemin couvert les plus voisines, & détruire de même celles qui les suivent, par la trouée que les premières laissent entre elles & la branche de chemin couvert qui leur est parallèle.

Il place aussi le plus promptement possible, dans les mêmes logemens, quelques pierriers, pour combattre &, s'il se peut, faire taire ceux des angles flanqués des demi-lunes.

En même temps il travaille à former une quatrième parallèle entre les deux grands entonnoirs, au moyen de huit sapes simples, dans lesquelles il divise les quatre sapes doubles & debout, qu'il a poussées les deux nuits précédentes en avant de la troisième parallèle.

DÉFENSE.

en tirer des rameaux qui s'approchent des bords de l'entonnoir, soient terminés par des fourneaux destinés à le recombler, au cas que l'assiégeant vienne à l'occuper de quelque manière que ce soit.

VINGT-DEUXIÈME NUIT.

L'assiégeant travaille vivement aux batteries de ses logemens du sommet des entonnoirs, & tâche d'amener, cette nuit même, les pièces & les munitions à ces nouvelles batteries, pour pouvoir les faire tirer dans le courant du jour suivant. Toute son attention & tous ses feux sont dirigés à combattre ceux de l'ennemi, qui tous se portent sur ces batteries.

L'assiégé continue, suivant des directions observées de jour, à faire feu sur les logemens du sommet des entonnoirs & sur le travail des batteries qu'on y établit, les feux des flancs hauts & bas des réduits de demi-lunes, qu'aucune batterie ennemie ne peut voir, maltraitant particulièrement ces deux étroites têtes de l'attaque. Il ne néglige pas non plus de canonner la tête des

Essai général de fortific. T. IV. P

ATTAQUE.

Au jour, on achève ces batteries & l'on tâche d'en tirer, avant la nuit, assez de coups pour pouvoir ruiner les traverses qui suivent celles des saillans des chemins couverts des demi-lunes 7 & 8.

On a dû, cette nuit même, parvenir à fermer la quatrième parallèle qui va d'un des entonnoirs à l'autre. On l'achève & l'on travaille à y construire au milieu une batterie où l'on transportera le canon de celle de la demi-place d'armes du centre ; on fait aussi à ses extrémités des batteries de pierriers pour s'en servir à tourmenter l'intérieur des deux demi-lunes de l'attaque.

DÉFENSE.

sapes qui travaillent à former une quatrième parallèle. Il profite d'ailleurs du moment où cette quatrième parallèle vient à masquer la batterie assiégeante de la demi-place d'armes du centre, pour faire reparoître à l'angle flanqué du bastion 3 une artillerie qui n'y sera plus contre-battue que par les batteries de la première parallèle.

Au jour on redoublera de vivacité & de justesse dans l'exécution de tous ces feux, lesquels doivent parvenir à retarder jusqu'à la nuit suivante la mise en action des batteries nouvelles de l'assiégeant.

On poursuit, tant de jour que de nuit, les travaux souterrains en avant des ruptures des galeries magistrales du chemin couvert des demi-lunes 7 & 8, pour faire, quand il en sera temps, jouer des fourneaux, qui recombleront, en les évasant, les grands entonnoirs de l'assiégeant.

VINGT-TROISIÈME NUIT.

Si par le feu des nouvelles batteries l'on est parvenu à ruiner les secondes traverses du chemin couvert des demi-lunes 7 & 8, on s'établira dans celles des branches de ce

L'assiégé qui aura retiré ses pierriers derrière les coupures des faces des demi-lunes 7 & 8, et qui doit avoir quelques obusiers dans les réduits des places d'armes rentrantes du chemin

ATTAQUE.

chemin couvert qui regardent le centre de l'attaque jusqu'à ces mêmes traverses, par une gabionnade posée à la sape volante, à 15 ou 18 pieds de distance du sommet de la contrescarpe, communiquant avec les extrémités de la quatrième parallèle qui vient d'être établie. Pendant cette opération, & pour la favoriser, les batteries des logemens en arrière tireront au sommet des parapets des demi-lunes 7 & 8.

Au jour, & même plus tôt, si ces gabionnades peuvent être auparavant solidement établies, on y creusera, le long de ces secondes traverses, des puits destinés à crever de nouveau la galerie magistrale, pour en débarrasser l'assiégeant depuis cet endroit jusqu'aux saillans du chemin couvert.

On poursuit, tant de jour que de nuit, le travail de l'établissement & du transport de la batterie de la demi-place d'armes du centre, dans le milieu de la quatrième parallèle, & l'on achève les batteries de pierriers des extrémités de cette place d'armes.

DÉFENSE.

couvert de ces ouvrages, s'en servira pour rendre extrêmement meurtrier l'établissement de l'assiégeant dans l'intérieur de ce chemin couvert; il y réussira d'autant mieux que cet établissement se fait sous le feu à bout portant de la mousqueterie des demi-lunes, et à la petite portée de leurs grenades à main. L'assiégeant ne pourra donc réussir qu'à la faveur de quelque surprise, ou pour mieux dire, par quelqu'une de ces négligences malheureusement trop communes dans la défense des places. D'un autre côté, cet établissement, s'il ne réussit pas de cette manière, à la sape volante, sera plus difficile encore peut-être à faire à la sape pleine; tous les feux se réunissant sur la tête des sapes qui chemineront pour le former, lesquelles d'ailleurs pourront être à chaque instant insultées de l'intérieur du chemin couvert: & puis, la marche lente de cette sape pleine donnera à l'assiégé le temps de se précautionner contre l'enfoncement qu'on veut faire de sa galerie.

Au reste, de quelque manière que ces logemens de l'intérieur du chemin couvert aient lieu, on pourra, soit pendant qu'on les fait, soit après, en chasser l'assiégeant avec la plus grande

ATTAQUE.	DÉFENSE.
	facilité, par des sorties rassemblées dans les places d'armes rentrantes du chemin couvert des demi-lunes, qui se porteront à la fois sur ces logemens par le dehors & par le dedans des chemins couverts. Il est impossible que l'assiégeant tienne à la fois contre cette double attaque, surtout contre celle du dehors, qui le prend du haut en bas, à revers (1).
	Cependant le mineur *assiégé*, qui doit être arrivé de l'extrémité ou rupture de sa galerie magistrale, sous les bords du grand entonnoir (2) de l'assiégeant, par deux rameaux poussés de part et d'au-

(1) Que si l'on me dit que l'assiégé, se montrant ainsi au dehors, souffrira beaucoup du feu de la quatrième parallèle, j'en conviendrai. Mais il ne s'y présentera que de nuit & en attaquant en même temps l'extrémité de la quatrième parallèle ; il ne s'y présentera qu'avec peu de monde, & ne fera que paroître & disparoître : car pourvu qu'il se présente, n'importe comment, en quel nombre & pour combien de temps, il remplira son objet de chasser l'assiégeant & de lui culbuter ses gabions ; le succès ne peut être douteux.

(2) Ici, & souvent ailleurs dans le courant de ce journal, je ne parle que d'un entonnoir, que d'un logement &c., quoiqu'il y en ait réellement deux, l'un à la demi-lune 7, l'autre à la demi-lune 8. Je me suis décidé à ce parti tant pour ne pas partager l'attention du lecteur que pour éviter l'embarras dans les explications que je donne. Je prie donc qu'on me le passe, & qu'on veuille bien se souvenir que tout ce qui se passe à l'attaque ou à la défense d'une demi-lune, doit se passer aussi à l'attaque ou à la défense de l'autre.

ATTAQUE.

DÉFENSE.

tre de cette galerie, charge, à l'extrémité de ces rameaux, des fourneaux qui, sans endommager la contrescarpe, évaseront jusqu'à son sommet le .grand entonnoir, dont ils recombleront le fond en même temps qu'ils détruiront l'extrémité de la quatrième parallèle & le commencement des logemens de l'intérieur du chemin couvert.

D'un autre côté le mineur assiégé se portera toujours de sa galerie magistrale, mais en montant autant qu'il pourra, sous la crête du chemin couvert, pour la faire sauter avec le petit revêtement qui la soutient dans l'intérieur du chemin couvert sur le logement de l'assiégeant, le tout sans crever sa propre galerie, plus enfoncée que ces fourneaux.

VINGT-QUATRIÈME NUIT.

L'assiégeant creuse les puits de ses logemens de l'intérieur du chemin couvert avec vivacité, & avec d'autant moins de crainte que l'assiégé ne le fasse sauter dans ce travail, que celui-ci ne pourroit y réussir sans crever sa propre galerie, & sans faire ainsi lui-même ce à quoi l'assiégeant s'efforce de parvenir.

L'assiégé achève le bourrage de ses fourneaux sous les bords des grands entonnoirs, & les fait jouer peu avant le jour. Il fait suivre immédiatement leur effet d'une sortie dont les troupes se portent de préférence aux extrémités endommagées de la quatrième parallèle, & les travailleurs aux logemens de l'intérieur du chemin cou-

ATTAQUE.

Aussitôt que ces puits seront descendus, soit sur la voûte de la galerie, soit à côté de ses pieds-droits, soit à portée d'elle, de quelque manière que ce soit, ce dont on s'assurera par la sonde; on y chargera au fond des fourneaux trop foibles pour faire entonnoirs à la surface du terrain, mais assez forts pour crever la galerie; &, après avoir placé l'auget & le saucisson de chacun de ces fourneaux dans un des angles de son puits, on recomblera celui-ci pour faire jouer le fourneau le plus promptement possible.

Si cela réussit à temps, on convertira aussitôt en batterie de brèche le logement de l'intérieur du chemin couvert de chaque demi-lune ; mais si au contraire on est prévenu par l'effet des fourneaux & des sorties de l'assiégé, & qu'on soit chassé de ce logement de manière à n'y revenir qu'après qu'il aura été renversé & que les puits en auront été détruits, alors on n'aura rien à faire que d'attendre la nuit suivante pour tout rétablir & recommencer sur nouveaux frais.

DÉFENSE.

vert, pour achever de les détruire, & surtout les puits que le mineur assiégeant y a creusés.

Au jour, la sortie se retire, & le feu du canon, des bombes & des pierriers, lui succède sur les travaux endommagés de l'assiégeant.

Le mineur assiégé met ce temps à profit pour s'élever de sa galerie magistrale vers la crête du chemin couvert, & pouvoir, sans nuire à cette galerie, renverser une partie du parapet de ce chemin couvert sur les logemens de son intérieur, quand l'ennemi les aura rétablis.

ATTAQUE. DÉFENSE.

Vingt-cinquième nuit.

L'affiégeant rétablit les extrémités de fa quatrième parallèle & fes logemens de l'intérieur du chemin couvert, & furtout les puits qu'il y avoit creufés, afin de parvenir enfin, s'il eft poffible, à crever la galerie magiftrale de l'affiégé avant que celui-ci n'ait le temps de s'en fervir à faire jouer encore quelque fourneau.

Au jour il pouffe vivement le travail de ces puits, & fe hâte d'en charger le fond en fourneau contre les galeries de l'affiégé.

L'affiégé ufe de tous fes moyens pour déranger de nouveau l'opération du mineur affiégeant, & par là retarder toute l'attaque. S'il a pu préparer contre le puits de celui-ci quelque camouflet ou quelque fourneau qui, jouant fous le revêtement du parapet du chemin couvert, recomble ce puits ou le détruife de quelque manière que ce foit, il aura atteint fon but, l'affiégeant ne pouvant avancer qu'il n'ait de nouveau crevé la galerie magiftrale.

Vingt-sixième nuit.

Il y a ici entre le mineur affiégeant & le mineur affiégé un combat uniquement de vîteffe, où le premier des deux qui fera en état de faire jouer aura évidemment l'avantage. Suppofons que ce foit pour cette fois l'affiégeant, & que du fond de fes puits il foit parvenu à crever les galeries de l'affiégé.

Auffitôt, & tandis qu'on travaille à établir dans les logemens de l'intérieur des chemins couverts, des batteries de brèche contre les demi-lunes, le mineur affiégeant s'enfonce

Le mineur affiégé, que je fuppofe ici s'être laiffé prévenir, fe reporte à l'inftant au point où fa galerie vient d'être rompue, pour en tirer des rameaux allant les uns vers les batteries de brèche de l'affiégeant, les autres vers fes defcentes de foffé. Il y rencontrera partout le mineur affiégeant, qui s'y fera enfoncé dans la vue de préferver d'accident ces différens travaux. Il va donc s'engager entre eux une guerre de mineur à mineur, où, pour peu que l'affiégé n'ait pas conftamment le deffous, il parviendra à retarder l'affié-

ATTAQUE.

de nouveau par des puits, sous les flancs de ces batteries de brèche, pour aller de là au-devant du mineur assiégé qui, parti de derrière la nouvelle rupture de sa galerie, cherche sans doute à se porter sous ces batteries pour les faire sauter.

En même temps on travaille, à l'abri des secondes traverses du chemin couvert, à la descente du fossé des demi-lunes ; & pour protéger le passage de ce fossé, on fait servir les batteries établies dans les logemens du sommet des grands entonnoirs, de contrebatteries aux faces du bastion 3.

DÉFENSE.

geant dans son but de faire brèche aux demi-lunes & d'en passer le fossé. Cependant, pour ne pas paroître tomber dans le vague d'hypothèses qu'on pourroit soupçonner d'être purement gratuites, nous nous abstiendrons de suivre les événemens de cette guerre souterraine, & supposant qu'ils se passent tous uniquement de mineur à mineur, nous ne leur attribuerons aucune influence sur ce qui se passe à la surface du terrain.

VINGT-SEPTIÈME NUIT.

On continue à travailler à l'établissement des batteries de brèche, des descentes de fossé, & des puits & rameaux destinés à mettre les uns & les autres à l'abri des mines de l'assiégé.

On protège tous ces travaux par le plus grand déploiement possible de feux, non-seulement des contrebatteries du sommet des grands entonnoirs, mais encore de mousqueterie de la quatrième parallèle, de canon du centre de cette place d'armes,

L'assiégé emploie ses mineurs & les moyens que leur donnent les restes de sa galerie magistrale à attaquer les batteries de brèche & les descentes de fossés de l'assiégeant.

La position enfoncée des travaux de ce dernier dans le chemin couvert les met à l'abri de la plupart des feux d'artillerie de l'assiégé, si ce n'est de ceux de projection qu'il doit y réunir en forçant de moyens de tout genre, en y dirigeant toutes les bombes de la place, en amenant de nouveaux pierriers, soit

&

ATTAQUE.

& de pierriers de ses extrémités. Les batteries d'obusiers des demi-places d'armes tirent aux demi-lunes, ne pouvant plus tirer à leur chemin couvert; les batteries de mortiers de la deuxième parallèle continuent sans difficulté leur feu, auquel rien ne peut faire obstacle : mais ce qui est plus rare & a lieu dans cette occasion, c'est que les batteries à ricochet de la première parallèle contre la face droite de la demi-lune 7, & la gauche de la demi-lune 8, continuent leur feu d'enfilade contre ces faces, n'ayant rien qui les masque, & sans autres travaux assiégeans à franchir que ceux de l'intérieur des chemins couverts ; ce que cette position rend bien facile, en même temps qu'elle met ces travaux à l'abri de tout inconvénient résultant du feu de ces batteries.

VINGT-HUITIÈME NUIT.

On amène aux batteries de brèche leurs pièces & leurs munitions.

Au jour elles ouvrent leur feu : on achève les descentes de fossé.

VINGT-NEUVIÈME NUIT.

On débouche dans les fossés des demi-lunes, & l'on en commence

DÉFENSE.

à l'angle flanqué des réduits des demi-lunes 7 & 8, soit dans leur fossé; en plaçant des obusiers, ou à leur défaut du canon à ricochet, à l'angle flanqué du bastion 3, pour enfiler ces batteries de brèche ; & enfin en lançant des grenades à main de derrière les parapets des demi-lunes sur ces batteries, et surtout sur les descentes de fossé qui leur sont accolées.

Le reste de l'artillerie de la place, celle des flancs des réduits de demi-lunes surtout, aura beau jeu pour combattre les contrebatteries des logemens des grands entonnoirs, ainsi que les batteries de pierriers des extrémités de la quatrième parallèle.

VINGT-HUITIÈME NUIT.

Comme la précédente.

VINGT-NEUVIÈME NUIT.

On redouble contre les descentes de fossé, depuis qu'elles ont débouché,

Essai général de fortific. T. IV.

ATTAQUE.	DÉFENSE.
le passage sous la protection du feu des contre-batteries du sommet des grands entonnoirs. Si ce travail est tourmenté, comme il doit l'être, par les grenades & par les pierres, il faudra le conduire entre deux épaulemens (dont le second ne sera qu'une simple gabionnade) & le blinder par-dessus. Le feu des batteries de brèche continue fortement, & les brèches commencent à se former.	le feu de pierriers et de grenades. Jusqu'ici l'assiégeant a pu se dérober facilement aux effets de ce feu en blindant ses descentes, ou mieux encore en les faisant souterraines, en galeries de mines ; mais, maintenant qu'il est dans le fossé, il lui devient plus difficile de se blinder, et il lui faut plus de travail pour le faire entre deux épaulemens.

TRENTIÈME NUIT.

Les brèches s'achèvent & on y donne assaut. On emploie le reste de la nuit à se loger au sommet de ces brèches & à l'angle flanqué des demi-lunes, sans trop s'approcher des arrondissemens de leur gorge, de peur des mines, & à faire les communications de ces logemens avec les passages de fossé, par des sapes conduites le long de la rampe des brèches. En même temps le mineur assiégeant entre en galerie sous le déblai de ces brèches, tant pour aller au-devant du mineur assiégé que pour placer, à tout événement, un globe	Comme il y a une distance d'au moins 20 toises entre la brèche et la galerie de l'arrondissement de la gorge de chaque demi-lune, nous ne supposerons pas que l'assiégé ait poussé ses travaux souterrains jusques sous le pied de cette brèche, tant à cause de la longueur de ce travail que par la difficulté, qui n'est pourtant rien moins qu'insurmontable, de conserver de l'air jusques-là ; mais au moins nous avons droit de supposer que ses rameaux s'étendent jusques sous le sommet de cette brèche, à 15 ou 16 toises de sa galerie de gorge. Dès qu'il a vu la brèche entamée, il n'a pas dû manquer d'y charger un

ATTAQUE.

de compreſſion ſous le terre-plein de chaque demi-lune, qui au beſoin en renverſe la gorge à ſon arrondiſſement & détruiſe les coupures des faces de ces demi-lunes.

Au jour, ſi l'on ne peut ſoutenir contre le feu & les ſorties de l'aſſiégé les logemens du ſommet des brèches & de la pointe des demi-lunes, on attend à la nuit ſuivante pour y revenir & les occuper plus ſolidement.

DÉFENSE.

fourneau : il ne le fait toutefois point jouer au moment de l'aſſaut, ayant d'autres reſſources à faire valoir auparavant.

Ces reſſources conſiſtent dans le feu à cartouches d'un canon ou obuſier placé à l'angle flanqué du réduit; dans celui des pierriers raſſemblés en arrière de cet angle; dans le feu des faces de baſtions collatérales à la demi-lune, paſſant, ſoit par-deſſus le foſſé de ſon réduit, ſoit par-deſſus le foſſé de la demi-lune elle-même, en raſant par dehors les parties retirées de ſes faces; dans le feu plus efficace encore de la mouſqueterie des deux étages de chaque coupure des faces de cette demi-lune; puis enfin dans les ſorties qu'on fera de derrière ces coupures lorſqu'on verra l'ennemi ſuffiſamment fatigué et ébranlé par l'effet de cette réunion de feux.

L'aſſiégé attend donc l'aſſaut dans les diſpoſitions néceſſaires à l'exécution de tous ces feux, & ſans autres défenſeurs, dans la pointe de ſes demi-lunes, que quelques grenadiers & fuſiliers, très-prompts à ſe retirer derrière les coupures.

Au jour, l'aſſiégé, après avoir mieux que jamais dirigé ſon feu, fera ſa ſortie

Attaque.

Défense.

de derrière ſes deux coupures à la fois, & chaſſera vraiſemblablement l'aſſiégeant de ſon logement & de la brèche juſqu'a la nuit.

Trente-unième nuit.

Soit que l'aſſiégeant ait été chaſſé de ſon logement & s'y rétabliſſe maintenant, ſoit qu'il s'y ſoit maintenu, il travaille à s'y donner, ainſi que ſur le revers de la brèche, plus d'eſpace, tant pour y raſſembler plus de forces contre les ſorties, que pour pouvoir y placer du canon contre les coupures. Il s'étend auſſi à droite & à gauche de ce logement, par des ſapes pouſſées dans l'épaiſſeur du parapet de la demi-lune (1), pour ſe donner des eſpèces de flancs & un feu plus direct contre le débouché de leurs barrières.

Il continue à pouſſer ſon rameau du pied de la brèche ſous le terreplein de la demi-lune.

Soit que l'aſſiégé ait ou non chaſſé de jour l'aſſiégeant de ſon logement, il continue à faire contre lui, s'il s'y rétablit maintenant, les mêmes tentatives, ſoit par ſon feu, ſoit par ſes ſorties. Si l'ennemi eſt trop ſolidement établi pour céder à aucun de ces moyens, on aura recours à celui de la mine; mais comme celui-ci ne peut manquer ſon effet, & qu'il fera éprouver d'autant plus de retards et de pertes à l'aſſiégeant, que celui-ci aura fait plus de frais dans ſon logement, il ne devra être employé qu'à l'extrémité & quand le canon amené dans ce logement ſera prêt à jouer contre les coupures.

Trente-deuxième nuit.

L'aſſiégeant continue de travailler à l'arrangement d'une petite batterie dans ſon logement à l'angle flanqué

L'aſſiégé eſt très-attentif aux progrès que fait l'aſſiégeant dans le travail de la petite batterie de ſon logement. Lorſqu'il

---

(1) Il n'a pas été poſſible d'exprimer ces ſapes ſur le deſſin.

ATTAQUE.

de chaque demi-lune, pour s'en fervir à détruire les coupures en les canonnant à la naiffance des voûtes de leur étage inférieur.

S'il pouvoit y parvenir avant que l'affiégé ne fît fauter quelques fourneaux, fa marche s'en trouveroit de beaucoup abrégée, parce qu'alors, emportant ces coupures & s'avançant fous leur abri jufqu'à l'arrondiffement de la gorge de l'ouvrage, il en pourroit enfoncer la galerie de part & d'autre de cet arrondiffement, au moyen de tonneaux de poudre, garnis d'étoupilles, defcendus dans le foffé.

Il continue à pouffer fous le terreplein de la demi-lune fa galerie, pour fuppléer au moyen précédent dont l'affiégé ne le laiffera vraifemblablement pas tranquillement faire usage.

DÉFENSE.

s'aperçoit que l'artillerie y arrive, et avant qu'elle n'ait tiré, il fait jouer fon fourneau qui, placé dans la moyenne région des terres de la brèche, en déblaie le haut et en envoie les deblais dans le foffé, en endommageant plus ou moins le logement de l'angle flanqué de l'ouvrage.

Auffitôt après le jeu de ce fourneau arrivent de derrière les coupures, des deux côtés à la fois, des forties préparées qui, attaquant le logement dans ce défordre, et maintenant qu'il eft fans communication avec l'affiégeant, par une brèche ainfi déblayée et efcarpée, n'ont pas de peine à l'emporter, fi toutefois ceux qui l'occupoient ne fe font hâtés de l'abandonner.

TRENTE-TROISIÈME NUIT.

L'affiégeant, après le jeu du fourneau de l'affiégé, & avoir, par une fuite prefque néceffaire de l'effet de ce fourneau, abandonné fon logement, fe borne à faire de fes batteries grand feu fur le fommet de la brèche pour empêcher l'ennemi d'y venir voir ce qui fe paffe dans le foffé ; puis

L'affiégé, après avoir chaffé l'ennemi de la pointe de fes demi-lunes & y avoir rafé fes logemens, y rétablit quelques grenadiers & fufiliers, le long des flancs ou profils des brèches, pour en rendre de nouveau l'accès meurtrier. S'il peut y rouler de groffes grenades & y jeter des artifices, il pourra caufer quelque

ATTAQUE.

il répare & nettoie dans son passage de fossé, & surtout dans le puits de son mineur, qui est au bout de ce passage, tout ce qui peut y avoir souffert de l'explosion & de la chute des déblais du fourneau.

Quand tout est réparé, le mineur assiégeant poursuit le travail de sa galerie, qui, plus enfoncée que le fourneau qui vient de jouer, n'en aura rien souffert.

DÉFENSE.

accident, tant au puits du mineur assiégeant qu'au passage blindé qui y conduit à travers le fossé.

TRENTE-QUATRIÈME NUIT.

Le mineur assiégeant, parvenu sous la capitale de la demi-lune, à 12 toises à peu près de son entrée en galerie & à 15 toises environ, tant de l'arrondissement de la gorge que des coupures de chaque face de l'ouvrage, y creuse la chambre d'un globe de compression qui, ayant 28 pieds de ligne de moindre résistance, sera chargé de 8400 ℔ de poudre.

Comme la précédente, à moins que (ce qui seroit au reste plus vraisemblable) l'assiégé, qui doit avoir quelques galeries d'écoute, poussées de sa galerie de gorge vers l'escarpe de ses demi-lunes, à niveau du fond de leurs fossés, & même plus bas, s'il est possible, ne s'en serve pour opposer aussi aux opérations souterraines de l'assiégeant quelque obstacle souterrain, que le long espace parcouru par celui-ci aura donné au premier tout le temps de préparer.

TRENTE-CINQUIÈME NUIT.

On fait le transport & la charge des poudres des globes de compression.

Au jour, si cette opération est finie, on en commence le bourrage.

Comme la précédente.

ATTAQUE. DÉFENSE.

Trente-sixième nuit.

On achève, pendant cette nuit & la plus grande partie du jour suivant, le bourrage des globes de compression, qu'on fait jouer vers la fin de la journée. Quoiqu'ils fouillent violemment, & que leur effet se porte de préférence & beaucoup trop vers la brèche & vers les terres meurtries par le jeu du fourneau qu'a fait précédemment jouer l'assiégé, ce qui envoie sur les travaux de l'assiégeant de prodigieux déblais, l'énorme charge & la surabondance de force des poudres n'en renversent pas moins tout l'arrondissement de la gorge des demi-lunes, & n'en crèvent pas moins l'étage inférieur de leurs coupures.

Nous supposons ici, ou que l'assiégé n'a point été en mesure de troubler l'opération du mineur assiégeant, ou qu'il a négligé de le faire, ou que, l'ayant tenté, il y a échoué. Il faut en convenir; tout ceci n'est rien moins que vraisemblable, mais il faut en finir: on peut cependant, pour être juste, sinon tenir du retard qu'éprouveroit sans doute ici l'assiégeant un compte précis, difficile à régler, du moins porter ce retard au profit de notre défense, pour mémoire.

Trente-septième nuit.

On insulte à l'entrée de la nuit les coupures endommagées des demi-lunes, & l'on forme un logement allant de l'une à l'autre de ces coupures par le revers de l'entonnoir, à droite & à gauche duquel on pousse, dans l'épaisseur du parapet de ces coupures & des faces des demi-lunes, des sapes dont le feu interdira à l'as-

L'assiégé fait de ses réduits de demi-lunes un feu de mousqueterie & de grenades, soutenu avec une attention particulière à tout ce qui pourroit s'avancer le long de la gorge des faces des demi-lunes, afin d'y empêcher le transport d'aucuns tonneaux de poudre, & de leur faire prendre feu avant qu'on n'ait eu le temps de les descendre le long des pieds-

ATTAQUE.

fiégé le retour dans le terre-plein de ces faces ; &, à mesure que ces sapes feront abandonner le chemin couvert au-deffous, on pouffera de la quatrième parallèle des sapes doubles & debout sur les arêtes des places d'armes rentrantes de ce chemin couvert.

Pour se prémunir contre toute entreprise souterraine que pourroit faire l'affiégé en partant des ruptures de sa galerie de gorge, on va, à la faveur de la nuit, porter sur cette galerie, de part & d'autre de ses ruptures, le plus au loin qu'il est possible, des tonneaux de poudre garnis d'étoupilles, qu'on descend au moyen de cordes le long de ses pieds-droits. Après que ceux-ci sont enfoncés par l'explosion de cette poudre, on ouvre au travers des déblais lancés par le globe de compression, dans le fossé du réduit, un passage épaulé du côté de la place, pour aller attacher le mineur au revêtement de ce réduit.

On protège tout cela en faisant tirer contre les réduits, par-dessus les débris de la pointe de leurs demi-lunes, les contre-batteries du sommet des grands entonnoirs.

DÉFENSE.

droits de la galerie. Cependant le mineur affiégé se reporte aux ruptures faites à cette galerie par le globe de compression, pour faire jouer sous les coupures des fourneaux qui les effacent & les faffent servir à recombler l'entonnoir de ce globe.

L'artillerie du corps de la place, jouant par la trouée des fossés des réduits, & les pierriers cachés derrière la gorge de ceux-ci, concourent à rendre meurtriers le logement et toutes les opérations de l'affiégeant. Des sorties raffemblées à la gorge de chaque réduit, et arrivant par ses fossés de part et d'autre, à couvert jusqu'aux épaules de ce réduit, ajouteront encore aux nombreux dangers de l'affiégeant.

TRENTE-

ATTAQUE.   DÉFENSE.

TRENTE-HUITIÈME NUIT.

L'affiégeant achève de s'épauler dans le foffé des réduits des demilunes 7 & 8, & attache fon mineur à l'efcarpe de ces réduits.

L'affiégé, qui doit avoir des rameaux pouffés de la galerie de gorge de fes réduits jufques derrière leur efcarpe, y écoute & entend venir le mineur affiégeant au travers de la maçonnerie de cette efcarpe. Il fe porte donc à fa rencontre au travers des terres pour lui donner le camouflet.

TRENTE-NEUVIÈME NUIT.

Le mineur affiégeant perce péniblement & lentement la maçonnerie de l'efcarpe des réduits.

Le mineur affiégé fe porte facilement & lentement au travers des terres au-devant du mineur affiégeant.

QUARANTIÈME NUIT.

Le mineur affiégeant parvient derrière la maçonnerie de l'efcarpe du réduit de chacune des deux demilunes de l'attaque. S'il n'y reçoit point à fon débouché le camouflet ; il pouffe droit devant lui par un rameau, & fur fes flancs par deux autres, qui côtieront la maçonnerie du revêtement jufqu'à ce qu'ils foient parvenus derrière fes contre-forts. Il doit s'attendre à recevoir le camouflet quelque part, peut-être même partout ; mais il lui fuffit qu'un de fes trois rameaux arrive à fa defti-

Le mineur affiégé qui, de fes rameaux à droite & à gauche du débouché du mineur affiégeant, doit s'être porté vers ce débouché, en côtoyant la queue des contre-forts de l'efcarpe, rencontrera vraifemblablement le mineur affiégeant dans les deux rameaux des flancs de fon attaque fouterraine & l'y défolera par des camouflets ; mais à moins d'avoir commencé dans fa galerie de gorge un rameau en face du débouché de l'affiégeant, le rameau du centre de l'attaque fouterraine de celui-ci avancera jufques vers le milieu de l'é-

ATTAQUE.

nation pour renverser par un globe de compression, s'il le faut, le réduit jusqu'à sa gorge.

DÉFENSE.

paisseur du réduit sans obstacle, tandis que ses rameaux des flancs feront la petite guerre avec le mineur assiégé.

QUARANTE-UNIÈME NUIT.

Le rameau du centre de l'attaque souterraine parvient au milieu de l'épaisseur du réduit. On y creuse une chambre de mine, sinon pour un globe de compression, qui n'est pas nécessaire à si peu de distance des revêtemens de gorge & d'escarpe qu'il faut renverser, du moins pour un fourneau assez fortement chargé pour ouvrir l'un & l'autre de ces revêtemens. Si, au milieu des camouflets donnés & reçus, le mineur assiégeant s'est maintenu derrière les contre-forts de l'escarpe, il y chargera aussi deux petits fourneaux qui, jouant en même temps que le grand, élargiront la brèche.

L'assiégé, qui a donné des camouflets sur les deux flancs de l'attaque souterraine, doit mettre à profit le temps qu'ils lui font gagner pour s'avancer de manière à couper aussi le rameau du centre. Le mineur assiégeant, particulièrement attentif à cet objet, le repousse à son tour par des camouflets donnés, soit de ses rameaux des flancs promptement rétablis, soit du rameau du centre, si l'assiégé parvient à s'en approcher assez pour cela. Nous ne donnons point de journal de tout ce qui peut arriver à cet égard, comme étant d'un détail trop minutieux & surtout trop conjectural.

QUARANTE-DEUXIÈME NUIT.

L'assiégeant charge & bourre ses fourneaux, tant grands que petits, pour les faire jouer à l'entrée de la nuit suivante.

Comme la précédente ; seulement on doit retirer du terre-plein des réduits l'artillerie qui s'y trouve & que, sans cela, l'événement de l'attaque subite qui doit suivre le jeu des fourneaux que prépare sans doute l'assiégeant, ne manqueroit pas de lui livrer.

ATTAQUE. DÉFENSE.

QUARANTE-TROISIÈME NUIT.

L'assiégeant fait jouer ses fourneaux : ils font une large brèche à l'escarpe de chaque réduit & une plus étroite à sa gorge. Ses mineurs essaient de pénétrer dans la galerie de cette gorge par ses ruptures, si elles sont accessibles ; sinon ils travaillent à la crever de part & d'autre de la brèche au plus loin possible, par des tonneaux de poudre placés contre ses pieds-droits.

Ses sapeurs se fraient un passage au travers de l'entonnoir, viennent le couronner & former un logement dans les derrières de l'angle flanqué, & adoucissant l'escarpement des bords de l'entonnoir, ils poussent leur logement jusques sur le terre-plein du réduit.

En même temps on avance les sapes des parapets des faces des demi-lunes, & les zigzags de leurs fossés, jusqu'aux extrémités de ces faces ; ce qui fait abandonner les réduits des places d'armes rentrantes de leur chemin couvert, & permet de pousser jusqu'à hauteur de ces places d'armes les sapes qu'on y a dirigées de la quatrième parallèle, & même de réunir

L'assiégé, aussitôt après le jeu des fourneaux de l'assiégeant, doit faire une sortie dans le centre vide de chaque réduit, rentrer en même temps sur leur terre-plein au moyen des deux escaliers qui y montent de la galerie souterraine, et repousser, avec l'avantage de la supériorité et de la disposition environnante du terrain, l'assiégeant mal établi dans les terres bouleversées de l'entonnoir. Alors il couronnera lui-même d'une gabionnade le sommet de cet entonnoir, et en interdira l'approche à l'assiégeant par un feu soutenu de mousqueterie et de grenades. Cette manœuvre doit certainement lui réussir, et le seul danger qu'elle lui offre, d'être coupé et pris à dos par l'assiégeant venu des fossés du réduit et de la demi-lune, de part et d'autre, peut être facilement prévenu tant par un feu vif fait du chemin couvert du corps de place dans l'enfilade de ces fossés, que par les coups de fusil tirés au besoin par les créneaux des galeries de gorge de la demi-lune et de son réduit, et surtout, enfin, par la palissade qui barre la gorge de ce réduit.

Le mineur assiégé, qui s'est traversé

ATTAQUE.

ces fapes par une cinquième parallèle.

Au refte, fi l'affiégé fait à temps une fortie, à-la-fois par le centre vide du réduit & par les efcaliers de fon terre-plein, il faudra vraifemblablement bien lui céder jufqu'à la nuit fuivante, & pendant le courant du jour fe contenter de diriger fur le fommet de l'entonnoir tous les feux de projection qui peuvent s'y réunir, & le peu de feux de moufqueterie & de canon qui peuvent y atteindre.

DÉFENSE.

et même mafqué près des ruptures de fa galerie de la gorge du réduit, met enfuite à profit le temps que lui procure le fuccès de la fortie pour pouffer des rameaux vers les bords de l'entonnoir, afin de le recombler des débris du logement dont l'affiégeant viendra de nouveau le couronner.

QUARANTE-QUATRIÈME NUIT.

L'affiégeant doit tout tenter pour emporter les fommets des entonnoirs par une attaque de vive force, qui ne laiffe pas à l'affiégé le temps de faire fauter quelque fourneau; & pour cela, tandis qu'il s'y préfentera de front en force & avec impétuofité, il hafardera quelque petite troupe qui, tournant à toute courfe le réduit par fes foffés, prendra à dos, par fon feu au travers de la paliffade de la gorge de cet ouvrage, les défenfeurs de la brèche, & leur fera croire qu'ils font coupés.

Auffitôt que cette attaque aura

Il faut convenir que l'affiégé a beau jeu pour maintenir fon logement de la brèche du réduit, et qu'à moins de fe laiffer intimider par quelque témérité de l'affiégeant, il doit certainement le repouffer. S'il prend la précaution de fermer de nuit, avec des chevaux de frife de part et d'autre, l'intervalle qu'il y a de la gorge de fon réduit à la crête du chemin couvert, à fa place d'armes arrondie du centre, il aura de quoi fe raffurer pleinement fur la crainte d'être pris à dos : il y a donc à parier que, s'il fe conduit bien, il fe maintiendra quelque temps encore contre ces atta-

ATTAQUE.

réuffi, les fapeurs de l'affiégeant, tenus tout prêts avec tout ce qu'il faut pour conftruire un bon logement, en formeront un, le plus folide poffible, tel que nous l'avons déjà décrit, & fes mineurs creveront avec des tonneaux de poudre la galerie de part & d'autre de la brèche, au plus loin poffible, &, s'il fe peut, au-delà des efcaliers par lefquels on monte de cette galerie dans l'ouvrage.

Ce ne fera que quand tout cela fera fait folidement & à demeure, qu'on pourra établir la cinquième parallèle à l'extrémité des chemins couverts des deux demi-lunes & pourfuivre le fiége. Ainfi, au cas qu'on n'ait pas réuffi, ou qu'on foit chaffé encore une fois de fes logemens, il ne faudra pas perdre de temps à recommencer cette attaque de vive force dont le fuccès eft un préliminaire indifpenfable pour toute la fuite de l'attaque.

DÉFENSE.

ques de vive force. Cependant nous fuppoferons qu'il y cédera dès cette nuit, et c'eft encore ici le cas de porter pour mémoire, au profit de notre défenfe, la réfiftance plus longue que la brèche de notre réduit fera vraifemblablement.

Voyant l'ennemi folidement établi dans l'intérieur de fes réduits, l'affiégé, pour s'épargner une vigilance fatigante à la garde de l'iffue ou écoutille de fa grande communication fouterraine, détruira cette iffue, et par là fe mafquera dans cette communication.

Je néglige de faire remarquer par quels feux de canon et de moufqueterie l'affiégé s'oppofera à l'établiffement de la cinquième parallèle et des autres travaux correfpondans ; un coup d'œil fur la pl. 61, fig. 1, l'indiquera fuffifamment.

QUARANTE-CINQUIÈME NUIT.

L'affiégeant perfectionne fa cinquième parallèle, & travaille à y établir des batteries de canons & d'obufiers, tant pour les oppofer au

L'affiégé continue à oppofer tout fon feu, particulièrement celui des flancs des baftions collatéraux à celui de l'attaque, et la moufqueterie des cro-

ATTAQUE.

flanc droit du baftion 2, & au gauche du baftion 4, que pour tourmenter & enfiler, autant que poffible, les chemins couverts du baftion 3 (1). Si la batterie du centre de la quatrième parallèle fe trouve mafquée, on la tranfporte au milieu de la cinquième parallèle.

On pouffe en même temps jufqu'au bout des foffés, tant des réduits que des demi-lunes, les zigzags qu'on y a commencés, & l'on barre ces foffés par un bout de parallèle. On travaille auffitôt, à l'extrémité de ces bouts de parallèles, à des puits deftinés à crever les galeries de communication de l'affiégé, tant en travers du foffé du réduit qu'en prolongement de la galerie magiftrale du chemin couvert de la demi-lune.

On avance auffi le logement de la brèche jufqu'au bord de l'iffue détruite de la grande communication de l'affiégé, en le faifant appuyer à l'intérieur des épaules du réduit. Puis on enfonce dans ce logement des puits pour conduire de leur fond

DÉFENSE.

chets du chemin couvert de ce dernier baftion, au progrès des travaux de l'ennemi; et, fi la cinquième parallèle mafque la batterie du centre de la quatrième, il en profitera pour faire reparoître fon artillerie à l'angle flanqué et aux deux faces du baftion 3, que continuent cependant d'écharper et peut-être même d'enfiler, depuis la deftruction des pointes des demi-lunes, les batteries de la première parallèle.

En même temps et dès qu'il a vu l'affiégeant s'approcher par le fond des foffés de fes galeries de communications, il n'a pas dû manquer d'en pouffer des rameaux fous le fond de ces foffés, affez élevé dans cet endroit pour cela, afin de pouvoir, fans crever fes galeries, foit faire fauter les travaux fuperficiels de l'affiégeant, foit le combattre et l'arrêter dans fa marche fouterraine.

---

(1) La difpofition des faces des places d'armes rentrantes du chemin couvert des demi-lunes rend tout ceci fort difficile à pratiquer, ou, pour mieux dire, tous ces objets fort difficiles à atteindre.

Supplément, Liv. I. Chap. VI.

ATTAQUE.

des rameaux destinés à crever par des fourneaux la grande communication, & surtout la galerie qui en part, pour se rendre par-dessous le fossé du réduit jusques sous l'extrémité du terre-plein de la demi-lune.

DÉFENSE.

QUARANTE-SIXIÈME NUIT.

On poursuit le travail de l'établissement des batteries dans la cinquième parallèle, & celui des puits destinés à crever les galeries de communication de l'assiégé à ses demi-lunes & à leur chemin couvert. Si l'on n'est contrarié dans ce travail, ni par des camouflets, ni par des fourneaux servis par des rameaux dérivés de ces galeries, on doit être parvenu au point de charger soi-même, au fond de ces puits, des fourneaux, l'un joignant l'angle de gorge du réduit de la place d'armes rentrante, l'autre joignant l'angle de gorge de l'extrémité de la face de chacune des deux demi-lunes de l'attaque.

On continue à pousser du logement de l'intérieur de chaque réduit des demi-lunes, le travail souterrain destiné à crever par un fourneau la

On suppose encore ici que l'assiégé s'est laissé gagner de vîtesse & n'a pas eu le temps de s'opposer à ce qu'on crève ses galeries par des puits descendus dessus ou contre ces galeries ; mais il ne seroit pas pardonnable à lui de n'avoir pas quelques fourneaux à faire jouer sous les travaux qu'il voit depuis long-temps se pousser dans les fossés de ses demi-lunes & de leurs réduits, & de ne pas tenter ensuite de profiter du désordre où le jeu de ces fourneaux auroit jeté l'assiégeant, pour venir par une sortie lui rendre visite au fond de ses puits.

Il doit aussi, tant de sa grande communication que de la galerie qui en part, aller au-devant du mineur assiégeant, attaché au fond du logement de l'intérieur de chaque réduit.

C'est un double article à porter au profit de la défense, encore pour mémoire.

ATTAQUE.	DÉFENSE.

grande communication souterraine, & surtout la galerie qui en part pour traverser le fossé du réduit.

QUARANTE-SEPTIÈME NUIT.

On achève les batteries de la cinquième parallèle, & l'on y amène les pièces & les munitions pour qu'elles puissent tirer au jour.

On a fait jouer à l'entrée de la nuit les fourneaux du fond des puits qui ont crevé les galeries de l'assiégé, joignant les angles de gorge des demi-lunes & des réduits des places d'armes rentrantes. On répare ce que cette explosion a endommagé, & l'on pousse, en partant des angles écornés de ces réduits de places d'armes rentrantes, des sapes qui côtoient les profils des glacis des demi-lunes, & qui, allant l'une au-devant de l'autre, formeront devant la pointe du bastion 3 une sixième parallèle.

En même temps, si du travail souterrain de l'intérieur des réduits de demi-lunes on entend le mineur assiégé travailler & s'avancer, on charge sur le champ un globe de compression ; car, quelque peu prolongé en avant du logement que

L'assiégé redouble ses feux d'artillerie des flancs & des courtines collatéraux au bastion 3 de l'attaque, sans compter ceux de mousqueterie des crochets, traverses & places d'armes arrondies du chemin couvert du corps de place.

Après le jeu des fourneaux de l'assiégeant, il pousse, des extrémités ou ruptures de ses galeries, des rameaux d'où il puisse endommager les travaux ultérieurs, tant superficiels que souterrains, de l'attaque.

Si, lorsqu'il entendra le mineur assiégeant charger ses fourneaux de l'intérieur des réduits, il n'en a pas lui-même de tout chargés dont il puisse se promettre de l'effet, il se gardera bien de rester dans celles de ses galeries qui sont à portée de ressentir celui des fourneaux de l'assiégeant.

soit

ATTAQUE.

soit le rameau, le fourneau qui le terminera, chargé en globe de compression, crèvera toujours les galeries de l'assiégé, vu la proximité où elles sont de ce logement. Si au contraire on n'entend de la part de l'assiégé aucun travail souterrain, on poussera le rameau de 5 à 6 toises en avant du logement, & on le terminera par un fourneau ordinaire qui, sans endommager ce logement, crèvera les galeries de l'ennemi.

DÉFENSE.

QUARANTE-HUITIÈME NUIT.

On suppose que, soit par l'un soit par l'autre des moyens que l'on vient d'indiquer, l'assiégeant crève à la fois la grande communication du centre de la gorge de chaque réduit & la galerie qui en part pour traverser le fossé de cet ouvrage : rien alors ne le gênera plus lorsqu'il prolongera sa sixième parallèle au travers de ce fossé & de la masse du flanc bas, afin de communiquer librement d'un bout à l'autre de cette parallèle. Pour l'appuyer à ses extrémités, il couronne les deux entonnoirs de l'intérieur des réduits de demi-lune, & joint ce couronnement à son logement, en sorte

Essai général de fortific. T. IV.

Comme la précédente, quant aux feux tant d'artillerie que de mousqueterie. On peut essayer de troubler par des sorties le travail de la sixième parallèle, un peu décousu & mal soutenu des travaux précédens, dont il est séparé dans plus d'un endroit par des escarpemens. Il peut, pour faire avec plus de succès sa sortie, attendre que ses fourneaux servis par ses galeries de communication aux chemins couverts des demi-lunes, aient joué, culbuté une partie du travail de l'ennemi & jeté son monde en désordre. Comme il a pour cette opération l'avance que lui donne le temps que met l'assiégeant à

S

ATTAQUE.

que celui-ci & l'intérieur de chaque réduit forment comme une redoute à chaque extrémité de cette fixième parallèle.

Cette place d'armes fe ferme & s'achève à fon centre, tant par le progrès des fapes marchant de fes extrémités l'une vers l'autre, que par celui d'une fape double, pouffée de la cinquième parallèle fur la capitale du baftion 3, & fe partageant enfuite en deux fapes fimples.

En même temps, pour défendre autant que poffible cette place d'armes, des atteintes que pourroit lui porter le mineur affiégé, au moyen des rameaux qu'il pousseroit des ruptures de fes galeries de communication de la place aux chemins couverts des demi-lunes, il enfoncera des puits dans cette fixième parallèle, pour pouffer de leurs fonds des rameaux deftinés à détruire cette galerie affez au loin pour n'en avoir plus rien à craindre.

DÉFENSE.

creufer fes puits, il y a bien à parier qu'il parviendra avant celui-ci à faire jouer à temps fes fourneaux.

QUARANTE-NEUVIÈME NUIT.

L'affiégeant qui a reçu dans fa fixième parallèle le feu des fourneaux de l'affiégé & effuyé fa fortie, répare tout le dommage qu'il a éprouvé, &

L'affiégé, après le jeu de fes fourneaux, recommence à pouffer, de fes galeries de communication, d'autres rameaux, pour défendre ces mêmes ga-

ATTAQUE.

recommence à creuſer des puits de part & d'autre de chacune des galeries par leſquelles l'aſſiégé communique au chemin couvert de ſes demi-lunes, pour tâcher de la détruire de proche en proche, ou au moins d'y occuper le mineur aſſiégé de manière à le diſtraire d'une opération plus ſérieuſe qu'on va diriger contre lui. Cette opération conſiſte à ouvrir, dans la ſixième parallèle, quatre puits, un de chaque côté & à 14 ou 15 toiſes de diſtance de chaque galerie de communication, du fond deſquels on dirigera des galeries vers les premières & ſecondes traverſes du chemin couvert du baſtion 3. Ces galeries, deſtinées à avoir 14 ou 15 toiſes de longueur, ſeront terminées par des globes de compreſſion, qui crèveront la galerie magiſtrale du chemin couvert du corps de place, & en renverſeront peut-être même la contreſcarpe dans le foſſé.

DÉFENSE.

leries des entrepriſes ſouterraines de *l'aſſiégeant, & en même temps pour aller de nouveau bouleverſer ſes travaux à la ſurface du terrain. Nous allons le laiſſer aux priſes avec lui dans une guerre de mineur à mineur, en ſuppoſant qu'elle le diſtraira de l'autre guerre ſouterraine qui fait le grand objet de l'aſſiégeant.*

CINQUANTIÈME NUIT.

L'aſſiégeant continue à creuſer les puits tant de la petite que de la grande guerre ſouterraine qu'il compte faire à l'aſſiégé. Ses puits par-

L'aſſiégé pouſſe ſes rameaux de droite & de gauche de ſes galeries de communication pour aller au-devant du mineur aſſiégeant.

ATTAQUE.

venus dans le courant du jour à profondeur, il entre par leur fond en galerie.

D'un autre côté il établit dans sa sixième parallèle, des batteries de pierriers, tant contre le rempart que contre le chemin couvert du bastion 3.

DÉFENSE.

DE LA CINQUANTE-UNIÈME A LA CINQUANTE-CINQUIÈME NUIT.

L'assiégeant pousse sans interruption ses galeries : il se trouve sans cesse aux prises avec le mineur assiégé, dans celles qui sont voisines des galeries de communication de celui-ci; mais celles qui, plus éloignées, sont destinées à établir à leurs extrémités des globes de compression, profitent de cette diversion pour avancer sans obstacle vers leur but. Il arrivera cependant que le travail qu'on y fait finira par être entendu de la galerie magistrale, & même que celui de l'une de ces galeries le fera de la galerie de communication dont elle s'approche plus que l'autre : on l'arrêtera en conséquence plus tôt que cette autre, & dès la cinquante-quatrième nuit, pour y creuser & charger un globe de compression à 11

L'assiégé se défend de son mieux dans chacune de ses galeries de communication contre les deux attaques souterraines, évidemment dirigées contre elles. Il pourroit cependant encore entendre de cette même galerie la marche d'une des deux galeries à globe de compression; mais nous voulons encore supposer, ou qu'il a pris le change & s'en est aperçu trop tard, ou qu'il a été maltraité lui-même dans sa galerie, de manière à n'y avoir plus les moyens de traverser la marche du mineur assiégeant.

Il se méprendra long-temps aussi, dans sa galerie magistrale, sur la marche des galeries de ces globes de compression, dont il confondra le bruit avec celui des attaques de ses galeries de communication, & avec celui que fait

ATTAQUE.

toises de la galerie magistrale, & à 5 ou 6 toises de la galerie de communication. La deuxième galerie sera pouſſée à la longueur de 55 toises, & terminée seulement le 55.ᵉ jour par un globe de compreſſion dont on commencera à creuser la chambre.

DÉFENSE.

son propre mineur, en défendant ces galeries. Suppoſons cependant qu'il reconnoîtra enfin la vérité quand ces galeries parviendront à 15 ou 16 toises de cette galerie magistrale, & qu'alors il ira au-devant d'elles ; mais il n'aura pas le temps de s'y avancer de plus de 4 ou 5 toises, qu'il entendra déjà charger les fourneaux de l'ennemi, & qu'il ne lui restera conséquemment rien de mieux à faire que de s'éloigner pour n'en pas éprouver l'effet.

CINQUANTE-SIXIÈME NUIT.

On achève de creuser la chambre & de poser la caiſſe des derniers globes de compreſſion. On en place les augets & l'on attend la nuit suivante pour y faire le transport des poudres.

L'aſſiégé, qui entend le bruit de la charge & du bourrage des globes de compreſſion, n'a rien de mieux à faire que de charger & de bourrer lui-même au plus vîte, dans les rameaux dérivés de ses galeries de communication, quelque fourneau aſſez voisin des rameaux de quelqu'un de ces globes & aſſez fortement chargé pour déranger ce bourrage & ses augets, & empêcher ainſi le jeu de ce globe de compreſſion.

CINQUANTE-SEPTIÈME NUIT.

On transporte la poudre & l'on fait la charge des derniers globes de compreſſion. On en fait auſſitôt, &

Comme la précédente.

ATTAQUE.	DÉFENSE.

pendant tout le jour suivant, le bourrage.

CINQUANTE-HUITIÈME NUIT.

On achève de bourrer les derniers globes de compression, & on les fait jouer à la fois avec les premiers chargés dans le courant de la nuit : ils forment deux à deux, vis-à-vis de chacune des faces du bastion 3, un entonnoir oblong de 47 à 48to de long, & de 25 à 26 de large, qui crève la galerie magistrale depuis la première jusqu'à la deuxième traverse, enfonce même la contrescarpe en quelques endroits, mais la laisse debout dans la plus grande partie de la longueur de l'entonnoir, & surtout dans son milieu.

Aussitôt que les globes de compression ont joué, l'assiégeant rentre dans ses travaux & les nettoie, répare les parties endommagées de sa sixième parallèle & s'y occupe sur-le-champ d'y établir des batteries de brèche sur le bord des entonnoirs. Pour démasquer complétement ces batteries, ses mineurs descendent dans les entonnoirs & s'y enfoncent jusques derrière la contrescarpe pour achever de la renverser dans le fossé.

Aussitôt après le jeu des globes de compression, le mineur assiégé doit rentrer dans sa galerie magistrale des deux côtés, pour tâcher d'aller placer sous les bords des entonnoirs de ces globes, des fourneaux qui les recomblent en partie, ainsi que les travaux qu'aura pu y exécuter l'assiégeant.

En même temps le canon des flancs des bastions & des tenailles, & celui des courtines collatérales au bastion 3, prenant d'écharpe les parties de sixième parallèle endommagées par l'explosion, en rendent meurtrier le rétablissement, aussi bien que le travail des sapes qu'on en pousse vers la place d'armes saillante du chemin couvert du bastion 3. La mousqueterie & les pierriers rassemblés sur ce bastion ajoutent leur feu à celui-là, & tous les mortiers de la place dirigent leurs bombes dans les entonnoirs pour y bouleverser les travaux des mineurs assiégeans. L'assiégé se maintient aussi avec opiniâtreté dans les places d'armes arrondies du chemin couvert, collatérales au bastion de l'attaque, dans le réduit qu'elles ont à leur

ATTAQUE.

En même temps il conduit, de sa sixième parallèle, des sapes vers la place d'armes saillante du chemin couvert du bastion 3, restée debout entre les deux grands entonnoirs, pour établir dans cette place d'armes un logement destiné à recevoir les contre-batteries des flancs collatéraux au bastion 3 de l'attaque.

DÉFENSE.

centre, dans la première traverse, et même, s'il se peut, dans le premier crochet du chemin couvert en avant de chacune de ces places d'armes, et en fait sentir le feu à l'assiégeant, qui de son côté, découvrant cette dernière traverse des batteries de sa cinquième parallèle, depuis que le chemin couvert qui la couvroit a sauté, ne tarde pas à la ruiner.

CINQUANTE-NEUVIÈME NUIT.

On établit à la sape, dans la place d'armes saillante du chemin couvert du bastion 3, le logement destiné à contenir les contre-batteries. On continue dans la sixième parallèle le travail des batteries de brèche, & l'on poursuit surtout avec vivacité celui des galeries qui, du fond des entonnoirs, iront établir des fourneaux destinés à jeter dans le fossé la contrescarpe & les terres qui masquent encore les batteries de brèche.

On s'oppose par le canon des flancs des tenailles et des courtines à l'établissement de l'assiégeant dans la place d'armes saillante du chemin couvert du bastion 3. La maçonnerie dont le talus intérieur de ce chemin couvert est revêtu, ajoute encore par ses éclats au danger de ce travail, joint à ce que les grenades à main de l'assiégé y parviennent en franchissant le fossé.

Les travaux souterrains continuent vers les bords des grands entonnoirs pour rejeter ces bords dans le fond de leur entonnoir, & le recombler.

SOIXANTIÈME NUIT.

On poursuit le travail des batteries de brèche & des contre-batteries; &

Comme la précédente, quant aux feux de canon & de mousqueterie.

ATTAQUE.

pour fe donner fuffifamment d'ef-pace dans ces dernières, & y fup-primer en même temps le danger des éclats, on démolit la maçonnerie du revêtement intérieur du parapet de la place d'armes, dans laquelle on les établit.

On pourfuit le plus vivement poffible le travail fouterrain qui doit, en achevant de renverfer la contref-carpe dans le foffé, démafquer les batteries de brèche.

DÉFENSE.

Quant aux mines, celles de l'affiégé, parvenues fous les bords des grands entonnoirs, fe terminent par des four-neaux qu'on commence dès cette nuit à charger et qu'on bourre le jour fui-vant.

SOIXANTE-UNIÈME NUIT.

On pourfuit le travail des contre-batteries : on achève celui des bat-teries de brèche, & l'on fe hâte de pouffer le travail fouterrain deftiné à les démafquer en renverfant la con-trefcarpe. On fe tient dans la fixième parallèle conftamment prêt à repouf-fer toute fortie, qui ne pourroit avoir que le but important de pénétrer dans les entonnoirs, au fond def-quels on fait en conféquence foutenir les mineurs qui y font attachés, par des troupes de grenadiers logées dans leur partie la plus rapprochée de la capitale du baftion 3, & conféquem-ment le plus hors d'atteinte des mines de l'affiégé.

L'affiégé fait jouer fes fourneaux, qui, recomblant et évafant les grands entonnoirs, y détruifent vraifemblable-ment une partie des travaux fouterrains de l'affiégeant. Quoi qu'il en foit, il pro-fite du trouble où le jeu imprévu des mines de la place jette toujours celui-ci, pour faire, des places d'armes arrondies de fon chemin couvert, une fortie, à la faveur de laquelle fes mineurs pénétrant dans les entonnoirs tâchent d'y détruire, par des bombes et des facs de poudre qu'ils apportent avec eux, les entrées des galeries du mineur affiégeant.

ATTAQUE.   DÉFENSE.

Soixante-deuxième nuit.

Si le jeu des fourneaux de l'affiégé & les efforts de fa sortie ont laiffé intactes les galeries de l'affiégeant, elles doivent maintenant être arrivées à leur terme, & en conféquence on s'occupera à difpofer les fourneaux qui doivent renverfer la contrefcarpe & déblayer celles des terres de l'entonnoir qui pourroient encore masquer le jeu des batteries de brèche. Si au contraire ces galeries ont fouffert & ont leurs entrées enterrées ou bouleverfées, on s'occupera à les retrouver & à les rétablir pour n'éprouver que le moins de retard poffible.

On achève les contre-batteries & on y conduit les pièces & les munitions. Au jour, elles tirent & font fecondées par les batteries de la cinquième parallèle, établies fur le fommet du chemin couvert des deux demi-lunes de l'attaque, lefquelles contre-battront l'artillerie des flancs de baftions & des courtines, tandis que les nouvelles batteries contre-battront particulièrement l'artillerie des flancs cafematés des tenailles, & feront pour cela, en

Effai général de fortific. T. IV.

L'affiégé tâche à force de feux, de feux de projection furtout, qu'il dirige dans les entonnoirs, d'y prolonger le défordre où le jeu de fes fourneaux et fa fortie ont jeté l'affiégeant et fes travaux fouterrains.

D'un autre côté, voyant les contre-batteries établies et fe garniffant de canon, il doit maintenant, pour déranger et rendre vain l'établiffement de ces contre-batteries, diriger le canon des flancs de fes baftions et de fes tenailles, qui a jufqu'à préfent tiré dans le terre-plein de la place d'armes faillante du baftion 3 ; il doit, dis-je, le diriger au pied de l'arrondiffement de la contrefcarpe qui foutient le terre-plein de cette place d'armes, et battre lui-même cette contrefcarpe en brèche, afin de faire crouler par fa bafe le parapet ou épaulement de ces contre-batteries.

T

ATTAQUE.

grande partie, composées d'obusiers ou mortiers montés sur affûts de canon, dont les bombes, lancées dans les terres de la tenaille, en démoliront les revêtemens en faucisson des embrasures, en même temps qu'elles décharneront & mettront à découvert les pieds-droits de leurs voûtes, qu'ensuite le canon pourra ruiner.

DÉFENSE.

SOIXANTE-TROISIÈME NUIT.

L'assiégeant charge au bout de chacune de ses galeries un fourneau derrière les contre-forts de la contrescarpe, & deux autres à 10 ou 12 pieds en arrière dans les terres, lesquels, prenant feu tous ensemble, jetteront dans le fossé la totalité de la contrescarpe encore debout en avant des grands entonnoirs, avec la plus grande partie des terres qui s'y appuient. Il bourre ses fourneaux pendant le reste de la nuit & une partie du jour suivant, & les fait jouer aussitôt qu'ils sont prêts.

Immédiatement après qu'ils ont joué, les batteries de brèche de la sixième parallèle ouvrent leur feu contre les faces du bastion 3, & les sapeurs assiégeans, débouchant des

L'assiégé, qui n'a que peu de moyens à faire agir contre les batteries de brèche, les réunira tous contre les descentes & passages de fossés & contre les contre-batteries qui protègent ces derniers par leur feu : il cherchera donc à culbuter & à combler les descentes de fossé conduites au travers des grands entonnoirs, par des fourneaux établis au bout de rameaux poussés des extrémités ou ruptures de la galerie magistrale. Indépendamment du feu d'artillerie des flancs des bastions & des tenailles & de celui des courtines, qui accueilleront ces descentes à leur débouché dans le fossé, elles y auront encore alors à recevoir le feu de mousqueterie de la caponnière & de la courtine de la tenaille, & celui des grenades du bastion 3.

ATTAQUE.

entonnoirs, commencent, au travers des débris de la contrefcarpe, un paffage de foffé vis-à-vis de chaque face.

D'un autre côté, fi le feu des contre-batteries ne parvient pas à démonter & à réduire au filence l'artillerie des flancs cafematés des tenailles avant qu'elle n'ait mis la contrefcarpe en brèche, l'affiégeant devra prendre de bonne heure fes mefures pour parer à cet inconvénient, en épaiffiffant le parapet ou épaulement de ces contre-batteries par le dedans, & en fe donnant par derrière les terres néceffaires à cet épaiffiffement & l'efpace fuffifant au recul de fon canon, aux dépens du parapet du chemin couvert de la place d'armes faillante où font établies ces batteries.

DÉFENSE.

Quant aux contre-batteries, il eft à peu près impoffible qu'elles réfiftent au tir en brèche de la contrefcarpe au fommet de laquelle elles font affifes, & qu'elles fe rétabliffent fous le feu du double étage de flancs qui les foudroie, quand même on épaiffiroit leur parapet, & qu'on élargiroit leur terre-plein; ou au moins cette opération, plus meurtrière que le premier établiffement de ces batteries, ne pourra fe faire qu'avec quelque découragement & plus de lenteur que la première fois.

La certitude de réuffir contre les contre-batteries n'empêchera pourtant pas l'affiégé de faire tout ce qui fera en fon pouvoir pour ralentir & rendre meurtrier le fervice des batteries de brèche et y caufer des accidens. Il y dirigera en conféquence toutes les bombes et toutes les pierres de la place.

SOIXANTE-QUATRIÈME NUIT.

L'affiégeant continue à battre en brèche & à travailler à fes defcentes & paffages de foffé. Pour mettre celles-ci à l'abri des fourneaux de l'affiégé, il a dû s'enfoncer fous les flancs des grands entonnoirs pour aller au-devant du mineur affiégé,

L'affiégé donne une attention d'autant plus particulière au rétabliffement des contre-batteries et aux moyens de le contrarier et, s'il fe peut, de l'empêcher, que de là dépend la prife ou le falut de la place : il doit en même temps ne rien négliger dans le cas où

ATTAQUE.

& même aller lui crever fa galerie magiftrale, affez au loin pour n'en avoir plus rien à craindre.

Il travaille auffi, fans fe rebuter, à rétablir fes contre-batteries battues en brèche & ruinées, parce que, tant qu'elles ne feront pas rétablies, & qu'elles n'auront pas pris le deffus fur l'artillerie des flancs des baftions & des tenailles, le paffage du foffé & l'affaut feront impoffibles à exécuter.

DÉFENSE.

l'affiégeant tenteroit de couper ce nœud gordien au lieu de le délier, et hafarderoit de donner l'affaut avant d'avoir fait le paffage du foffé et éteint le feu des flancs; il doit, dis-je, ne rien négliger pour être prêt à repouffer cet affaut. Ce n'eft pas qu'il en doive craindre l'iffue, dans le cas où nous le fuppofons d'un retranchement dans le baftion; car alors les troupes de l'affaut, logées au haut de la brèche, fans communication avec le refte des forces affiégeantes, y feroient expofées à toutes les entreprifes de l'affiégé, qui en même temps difpoferoit le feu de fes flancs fur le foffé de manière à en interdire l'accès à tout fecours envoyé au logement de la brèche.

On croit inutile de prolonger & de pourfuivre plus avant ce journal, parce que ce qui s'enfuivroit maintenant feroit purement arbitraire, & dépendroit de l'opinion que l'on voudroit fe former de la difficulté de rétablir les contre-batteries, & de celle que ces batteries elles-mêmes éprouveroient, après leur rétabliffement, pour réduire au filence les batteries des flancs: car fi l'on ne peut nier que par le moyen que nous avons indiqué, d'y employer à la fois des boulets & des bombes horizontales, elles ne parvinffent à ruiner les embrafures des batteries cafematées des flancs des tenailles, & à combler &

obftruer ces embrafures par les débris de la partie des voûtes qui les couvrent, laquelle tomberoit par la ruine des bouts de leurs pieds-droits, il faut d'un autre côté convenir auffi que le refte de ces voûtes & de la maffe de terre qui les couvre ne pourroit jamais être abattu, & refteroit toujours debout pour couvrir le revêtement du flanc de baftion en arrière ; que le parapet de ce flanc ou l'épaulement de la batterie qui y eft établie, pourroit donc être toujours maintenu & réparé au fommet de ce revêtement intact, & que conféquemment le canon qui le garnit ne pourroit être démonté que par des coups d'embrafures. C'eft au lecteur à évaluer la durée de ces divers obftacles à la prife de la place, car nous craignons que le jugement que nous en porterions ne fe reffentît peut-être un peu de notre tendreffe de père pour elle.

Nous devons cependant au lecteur l'aveu d'une vérité dont nous fait apercevoir l'iffue de cette attaque ; car en même temps que le journal d'attaque & de défenfe d'une place éclaire fur les défauts & les propriétés de cette place, il avertit non moins fûrement de la meilleure marche à tenir pour l'attaque, fi d'abord & d'après un premier aperçu l'on en avoit adopté une moins bonne. Ici, d'après la difficulté de ruiner de face les flancs des tenailles, & furtout ceux de baftion qu'ils couvrent, on reconnoît qu'ils doivent être battus en flanc ; or, pour les battre en flanc, il faut une attaque qui les embraffe, une attaque qui fe termine aux deux demi-baftions du même front, au lieu de fe terminer à un feul baftion ; car alors, étendant les batteries de brèche aux faces des baftions jufques vis-à-vis de leurs épaules, on battroit en brèche les flancs de la tenaille

par leur profil ou par le pied-droit extérieur de leurs voûtes (1), &
d'enfilade les flancs des baſtions en faiſant brèche dans l'alignement de ces flancs à la face qui les recouvre : mais pour en être venu là, il faudroit avoir pris trois demi-lunes, en avoir embraſſé cinq par la première parallèle & les batteries à ricochet, & en un mot avoir à peu près doublé les travaux, les dangers & les pertes de l'attaque que nous venons de décrire.

Mais il eſt juſte auſſi de dire quel parti pour notre ſyſtème & pour la rectification de nos idées nous avons tiré de ce journal d'attaque & de défenſe : c'eſt 1.° de ſupprimer l'arrondiſſement de la gorge de notre demi-lune, qui, en en tenant la galerie à une trop grande diſtance de l'eſcarpe de cet ouvrage, ne nous a pas permis d'en défendre le pied de la brèche par nos fourneaux ; 2.° d'enfoncer ces galeries de gorge de demi-lunes & de leurs réduits, au moins juſqu'à la naiſſance de leurs voûtes, ce qui, en leur conſervant la propriété de faire tout de même feu par leurs créneaux, les ſauveroit de l'inconvénient de pouvoir être enfoncées par des tonneaux de poudre amenés contre leurs pieds-droits ; 3.° enfin, dans le cas où l'opiniâtreté de la défenſe de la pointe de notre demi-lune ne paroîtroit pas aſſez aſſurée au moyen des coupures fraiſées à double étage de feux, ſur leſquelles roule toute cette défenſe, nous y offririons encore un changement non moins important que les deux qui précèdent : ce ſeroit de ſéparer du

---

(1) Cette brèche pourroit être longue à faire, y ayant à cette pointe de la tenaille une grande épaiſſeur tant de maçonnerie que de terre ; épaiſſeur qu'on pourroit encore augmenter en portant ailleurs le petit magaſin à poudre que nous avons placé dans cet endroit : on pourroit le défendre d'un étage & le placer ſous la batterie, d'où l'on y communiqueroit par un eſcalier.

terre-plein de cette pointe les coupures, qui alors n'auroient plus qu'un étage de feux, par un foffé à contrefcarpe revêtue, & de remplacer leurs barrières, par lefquelles on rentroit dans cette pointe, par des rampes qui ferviroient à y rentrer du foffé du réduit (1).

Mais il faut convenir que ces changemens & la connoiffance de la meilleure marche à tenir pour attaquer notre place, font à peu près les feuls avantages que nous ayons retirés du journal que nous venons de faire de fon attaque & de fa défenfe; car nous n'avons pu déterminer la durée de fa réfiftance : & l'euffions-nous pu, nous n'aurions encore rien fait pour la mettre en parallèle avec aucun fyftème connu; car ayant donné les attaques & défenfes de ces différens fyftèmes, dénués de galeries magiftrales à leur contrefcarpe & de galeries de gorge à leurs dehors, tandis que ces galeries ont fait la plus grande partie des difficultés & peut-être de la durée de l'attaque de notre place, nous n'aurions eu à comparer que des chofes de nature différente, & par conféquent nul vrai réfultat à obtenir. Il n'y auroit donc, pour en obtenir un de quelque valeur, d'autre moyen que de recommencer nos attaques & défenfes de tous les fyftèmes précédemment examinés, en leur donnant cette fois de femblables galeries; mais lorfqu'on connoît comme nous le travail qu'entraînent de femblables attaques & défenfes, ce n'eft pas une chofe propofable que de le recommencer.

(1) Je ne doute pas que le lecteur n'aperçoive de lui-même avec quel avantage l'affiégé pourra alors rentrer dans la pointe de la demi-lune & en faire retraite fous le feu à bout portant de coupures qui ne feront plus expofées à l'infulte, & n'auront, dans cette occafion, rien à craindre pour elles-mêmes.

Par le même motif de l'inutilité dont feroit ce travail pour la comparaifon à en faire avec le journal d'une femblable partie de la défenfe d'une place ordinaire; nous ne faifons pas non plus le journal de ce qui fuivroit l'affaut & le logement de l'affiégeant fur la brèche du corps de place, ni des difficultés qu'il éprouveroit à maintenir ce logement contre l'effet des fourneaux qui joueroient tant au pied qu'au fommet de cette brèche, & qui feroient auffi fûrement que commodément fervis de la galerie qui court fous le terre-plein du baftion, & à fes entrées couvertes par le retranchement que nous y avons pratiqué. Les forties & le feu de ce retranchement agiffant tour à tour après l'effet de chacun de ces fourneaux, rendroient plus complet le dégât qu'auroient fait ceux-ci, & plus meurtrier le rétabliffement des travaux qu'ils auroient renverfés : ainfi l'affiégeant, dans ce nouvel embarras que lui cauferoient les mines de l'affiégé, ne fortiroit d'affaire qu'en fe dévouant de nouveau aux procédés lents de la guerre fouterraine, et en crevant les galeries de l'affiégé de part et d'autre, d'une batterie qu'il établiroit alors en fûreté contre le retranchement, et dont l'effet feroit de mettre fin à la défenfe de la place, auffitôt qu'elle auroit fait à ce retranchement une brèche acceffible.

Je ne me permets donc pas de prononcer fur la durée totale du fiége de la place, qui a été le but de mes tentatives pour perfectionner l'art de fortifier. C'eft au lecteur à le faire, ainfi qu'à difcerner ce que mes galeries magiftrales & celles de gorge de mes ouvrages détachés ajoutent de force dans ma conftruction au-delà de ce qu'elles en ajouteroient à une place ordinaire à laquelle on les adapteroit. Je me bornerai

fur

fur cela à une confidération fort fimple, & que ne pourront manquer de faifir tous les bons efprits, quelle que foit la mefure de leurs connoiffances : c'eft que dans une place ordinaire la galerie magiftrale en avant du baftion pouvant être attaquée en même temps que celle de la demi-lune, il ne faut pour les crever & les rendre inutiles toutes deux, que la moitié du temps qu'il faut pour crever fucceffivement les deux nôtres ; car il arrivera évidemment dans l'attaque fouterraine ce qui a inconteftablement lieu dans l'attaque fuperficielle de notre place, où l'on ne peut fonger à attaquer le baftion, ni même fon chemin couvert, qu'on ne fe foit rendu maître de la demi-lune & de fon réduit.

Nous avons fait voir que la garde de fûreté de notre place & fa garde extérieure contre les reconnoiffances de l'affiégeant, ne demandoient pas plus de monde que les fervices de la même efpèce dans une place ordinaire ; les travaux de la défenfe réduits aux retranchemens des baftions y en demandent moins, & le fervice & les mouvemens de l'artillerie n'y en demanderoient davantage qu'autant qu'on y voudroit profiter pleinement de l'abondante variété d'emplacemens qu'offre au déploiement de cette arme la difpofition de nos ouvrages, & qu'en conféquence on y multiplieroit le nombre des bouches à feu en raifon de cette multiplicité d'emplacemens ; mais fi l'on veut s'y renfermer à cet égard dans les mêmes limites que dans les places ordinaires, & fe contenter de n'y occuper que fucceffivement & qu'avec un nombre modéré de pièces, les divers emplacemens à mefure qu'ils deviennent les plus avantageux, ce fervice n'y exigera que les mêmes moyens en hommes qu'on nous a vu employer au chapitre I.er du liv. IV.

Quant aux travaux des mines, à fuppofer même que tout foit à faire à cet égard dans l'intérieur du baftion de l'attaque, ils ne demanderont pas plus de moyens en hommes, en outils & en matériaux, qu'ils n'en ont demandé au chapitre IV de ce même livre IV.

Notre place pourra donc être défendue par les mêmes moyens en hommes, en artillerie, en travaux de défenfe & de mines qu'une place ordinaire : ce n'eft qu'en approvifionnemens qu'elle exigera plus de moyens, à raifon de la durée plus grande de fa réfiftance probable.

Cette réfiftance, fi l'on y fait rentrer tous les élémens que nous en avons écartés, & fi l'on rétablit dans l'égalité de leurs droits avec les élémens de l'attaque ceux que nous avons évidemment fubordonnés à ces derniers, cette réfiftance, dis-je, ne pourra être de moins de foixante-quinze à quatre-vingts jours de tranchée ouverte. Ajoutez-y, comme au chapitre V du livre IV, dix jours de plus *tenus* & dix jours d'inveftiffement : cela fera cent jours de fiége, pour lefquels il faudra être approvifionné en munitions de guerre & de bouche, fans compter la durée du blocus préalable, pour laquelle il faudra auffi être pourvu de vivres dans les proportions convenables & indiquées dans le même chapitre.

Indépendamment de l'incomplet forcé du chapitre actuel en particulier, je ne me diffimule point celui de ce cinquième livre en général, qui, loin de contenir toutes les tentatives à faire pour perfectionner l'art de fortifier les places, ne contient que celles qui peuvent s'adapter uniquement aux places à foffés fecs; reftent donc encore celles à faire pour perfectionner les places à foffés pleins d'eau : mais nous croyons devoir nous réferver cette tâche, & remettre à la remplir, au cas feulement où l'effai que nous venons de donner feroit accueilli du public avec intérêt, & des hommes de l'art avec indulgence; car dans le cas contraire, & fi nous n'avions fait par nos idées nouvelles qu'ajouter des erreurs à la maffe énorme qu'en ont laiffée la foule des faifeurs de fyftèmes, nous n'en aurions déjà que trop dit.

EXPLICATION

des figures relatives à ce chapitre.

PLANCHE LXII.

FIGURE I. *Attaque et défense d'une place perfectionnée par tous les moyens indiqués par l'auteur. Les divers travaux de l'assiégeant sont marqués du N.º de la nuit dans laquelle chacun d'eux a été entamé; ses batteries le sont de celui des nuits pendant lesquelles chacune d'elles a été exécutée. Quant aux mines, on a omis de représenter toutes celles de l'assiégé et même une partie de celles de l'assiégeant, pour pouvoir exprimer plus clairement les opérations souterraines les plus importantes de ce dernier.*

FIGURE II. *Plan d'une des demi-lunes de l'auteur, avec son réduit, dans lequel l'arrondissement à la gorge de la pointe de cette demi-lune est supprimé, tant pour mieux défendre, par la galerie meurtrière de cette gorge, le fossé du réduit, que pour pouvoir défendre par des rameaux plus courts, partant de cette galerie, la brèche de la pointe de la demi-lune.*

FIGURE III. *Profil pris sur la ligne A B de la fig. 2.ᵉ, qui fait voir que les galeries de gorge de la demi-lune et de son réduit sont enfoncées sous le sol des fossés jusqu'à la naissance de leurs voûtes, pour pouvoir résister à l'explosion de tonneaux de poudre que l'assiégeant rouleroit contre ces galeries: leurs créneaux à fleur du fond du fossé n'en fournissent pas un feu moins meurtrier, sans être autant exposés à être embouchés par les fusils de l'assiégeant.*

FIGURE IV. *Plan de la demi-lune de l'auteur, avec son réduit, où, en outre des corrections des deux figures précédentes, on trouve celle plus importante de la séparation par un bon fossé des coupures de la pointe de la demi-lune. Les défenseurs de ces coupures en protègent d'une manière plus assurée la retraite de ceux de la pointe et la rentrée de l'assiégeant dans cette même pointe, par les rampes qui y montent du fond du fossé du réduit. On doit remarquer les côtes du fond de ce fossé, au pied des rampes et devant les coupures, pour comprendre qu'on peut communiquer, par-dessous ce fossé, de la galerie des faces de la demi-lune, à celles qui règnent aux arrondissemens et sous les rampes du fossé des coupures, et qui sont crénelées partout où elles peuvent l'être. On comprendra aussi qu'on ne peut du fossé de la demi-lune s'introduire dans celui de ses coupures, puisque les côtes y marquent un ressaut de 18 pieds.*

LIVRE II.

Quelques idées sur le relief & le commandement de la fortification.

Je réunis ces deux articles à cause de l'analogie & de la liaison intime qu'ils ont l'un avec l'autre.

Le relief est la saillie des ouvrages sur leur base ; mais quoique cette saillie de corps solides ait nécessairement trois dimensions, longueur, largeur & hauteur, c'est particulièrement la hauteur des ouvrages au-dessus de leur base que l'on entend par leur relief : ainsi le relief du glacis est son élévation au-dessus du terrain ; le relief de la contrescarpe, son élévation au-dessus du fond du fossé ; celui de l'escarpe de même ; & le relief total d'un ouvrage est l'élévation de la crête de son parapet au-dessus du fond de son fossé.

Le commandement des ouvrages, soit sur le terrain, soit entr'eux, est la supériorité de hauteur qu'ils ont, soit sur ce terrain, soit les uns sur les autres ; tel est *le commandement naturel*, qui ne peut avoir lieu qu'en un terrain horizontal ou s'abaissant au-dessous de celui sur lequel la fortification est placée : mais en terrain dominant & s'élevant au-dessus de celui sur lequel la fortification est assise, on le remplace par *un commandement artificiel*, que je définirai *la hauteur dont les plans parallèles entr'eux de la crête des parapets des ouvrages, passent au-deſſus du terrain , & les uns au-deſſus des autres.* Par ce commandement artificiel, s'il eſt bien réglé, la fortification, quoique réellement plus baſſe que le terrain en avant, rentre ſur lui dans tous ſes droits & les conſerve tous ſur elle-même, par la ſubordination qu'elle maintient, de toutes ſes parties, les unes aux autres, dans le même ordre que leur aſſigne leur poſition plus ou moins avancée, quelle que puiſſe être la ſupériorité réelle de hauteur des plus avancées à l'extérieur, ſur les plus rapprochées de l'intérieur de la place (1).

Ceci eſt abſolument vrai, ſans exception, des ouvrages dont les pentes exactement réglées & ordonnées par rapport à ce

(1) Cette ſupériorité réelle de hauteur des ouvrages les plus avancés ne leur fera découvrir, tant à l'intérieur qu'à l'extérieur des ouvrages qui les commandent *artificiellement*, rien de plus que ce qu'ils y découvriroient ſi ces mêmes ouvrages les commandoient *naturellement*. D'un autre côté, cette ſupériorité réelle de hauteur ne permettra à ces ouvrages avancés de dérober, même à l'aide de logemens creuſés & d'épaulemens élevés dans leur intérieur par l'aſſiégeant, quand il s'en fera rendu maître, ne leur permettra, dis-je, de dérober au feu des ouvrages qui ne les commandent *qu'artificiellement*, que ce qu'ils y déroberoient ſi ces ouvrages les commandoient *naturellement*; car le fond & le revers de ces logemens ne ſe trouveront abaiſſés au-deſſous des lignes de feu partant des parapets de l'aſſiégé & paſſant par le ſommet des épaulemens de l'aſſiégeant, que de la même quantité dont ils le ſeroient ſi le commandement des ouvrages qui reſteront au premier, ſur ceux qu'occupera le ſecond, étoit *naturel* au lieu de n'être qu'*artificiel*. Cette ſupériorité réelle de hauteur des ouvrages avancés ſur les plus reculés ne donnera donc à l'aſſiégeant, lorſqu'il ſe fera emparé des premiers, aucun avantage ſur les derniers, puiſqu'elle ne lui fera rien découvrir de plus de ce qu'il aura à battre, & qu'elle ne couvrira rien de plus de ce qu'il aura à mettre à couvert. Je prie, au reſte, qu'on veuille bien ici ſe rappeler ou revoir ce qui a été dit du défilement, livre III, chapitre I, ou ſeulement de jeter les yeux ſur la planche 48, où la comparaiſon des figures 1 & 2 ſuffira ſeule pour éclaircir tout ceci.

commandement artificiel, fe foumettent à toute fon influence, & lui confervent fur eux tous fes avantages, puifque tout refte entre ces ouvrages dans les mêmes conditions que dans la fortification horizontale; & cela feroit également vrai, auffi fans exception, du commandement de la fortification défilée fur le terrain extérieur réellement plus élevé qu'elle, s'il étoit poffible d'aplanir celui-ci & de le réduire réellement au plan rampant qu'on lui fubftitue par la penfée, en un mot, *au plan de file* de la fortification défilée. Mais, au lieu de cela, il arrive, au moyen des inégalités de ce terrain extérieur, que quelques-unes de fes parties fe dérobent à l'influence du commandement & quelquefois même à la vue de la fortification défilée, & que quelques autres, offrant aux batteries affiégeantes des affiettes proéminentes au-deffus du terrain qui les fépare de la place, mettent ces batteries en état de continuer leur feu par-deffus les travaux ultérieurs de l'attaque, quelquefois jufqu'à la fin du fiége. Tels font les feuls avantages qu'un terrain dominant peut accidentellement & partiellement conferver contre le commandement artificiel d'une fortification défilée, & cela, non parce qu'il eft dominant, mais parce qu'il eft inégal; car un terrain inégal dominé obtient auffi fréquemment les mêmes avantages contre le commandement naturel d'une fortification affife fur une hauteur, & continue à fe montrer aux premières batteries de l'affiégeant par-deffus les travaux ultérieurs de l'attaque, fans cependant pour cela plonger exactement dans tous les fonds & éclairer tous les revers des inégalités de ce terrain. Ce point, fuffifamment entendu à ce qu'on efpère, nous permettra de nous borner à traiter du relief & du commandement de la fortification horizontale; car tout ce qu'on

en

en dira fera plus facile à exprimer, conviendra parfaitement &
s'appliquera fans nul embarras ni reftriction à la fortification
défilée.

C'eft furtout en agitant la matière du relief & du commandement de la fortification, qu'on eft forcé de reconnoître
que cette fcience a fans ceffe des contraires à concilier. Vous
donnez-vous un beau relief pour rendre difficile l'efcalade par
la longueur & la pefanteur des échelles qu'il y faudroit employer ? vous la facilitez d'un autre côté par la quantité de
parties mortes ou vides de feu, que par là vous produifez dans
votre foffé, où il devient en conféquence aifé de fe raffembler
à couvert, & de tout arranger fans péril pour l'exécution de
cette efcalade ou de toute autre attaque par furprife.

Prenez-vous un commandement confidérable fur le terrain
& fur votre glacis, pour plonger d'autant mieux dans les travaux des attaques ? vous vous découvrez trop & vous livrez
pour ainfi dire en plein à toute la furie des batteries de l'affiégeant. Voulez-vous au contraire avoir une de ces fortifications rafantes, fi fort à la mode aujourd'hui, qui ont le mérite
de n'être prefque pas vues ? vous tomberez en revanche dans
l'inconvénient de ne prefque rien voir. La fcience du relief
confifte donc à trouver le moyen de concilier ces extrêmes ou
du moins de tenir entr'eux un fi jufte milieu, que ce qu'on
en conferve affure l'effentiel, & que ce qu'on en facrifie ne
compromette que des acceffoires peu intéreffans de la défenfe.

Il eft d'ufage de ne donner que 8 pouces par toife ou
2 pieds de plongée aux parapets des places, communément
de 18 pieds d'épaiffeur. Suppofons à l'efcarpe du corps de
place un relief de 35 pieds, qui eft celui que l'on prétend fûr

Effai général de fortific. T. IV.

contre l'escalade, & que le parapet que porte cette escarpe la surmonte de 9 pieds, encore suivant l'usage; nous aurons un relief ou une hauteur totale de 44 pieds, d'où les coups de fusil tirés suivant la plongée de 8 pouces par toise du parapet, n'iront atteindre le fond du fossé qu'à 66 toises de la crête de ce parapet : c'est-à-dire que, dans un tracé de Cormontaingne, les coups tirés du flanc n'atteindroient dans ce cas le fond du fossé qu'au pied de l'épaule opposée; que des hommes, même de six pieds, ne seroient déjà plus touchés dans ce fossé, à 9 ou 10 toises en-deçà de cette épaule, & qu'un espace de 46 toises (23 de chaque côté d'une ligne coupant le fossé perpendiculairement au milieu de la courtine), c'est-à-dire presque tout ce fossé, pourroit servir d'abri & de lieu de rassemblement à la troupe la plus nombreuse, soit pour tenter l'escalade à la courtine, soit pour forcer la poterne du milieu de cette courtine, soit l'un & l'autre à la fois.

D'un autre côté, le fond du fossé de la demi-lune n'étant atteint non plus qu'à 66 toises de la crête du parapet des faces des bastions, des hommes de 6 pieds y seroient également hors d'atteinte, depuis la distance de 57 toises de la crête du parapet de ces faces jusqu'à l'embouchure de ce fossé dans celui du corps de place, c'est-à-dire, dans la moitié à peu près de ce même fossé de la demi-lune: & qu'on ne dise pas que le parapet en glacis de la caponnière qui traverse ce fossé à son embouchure dans celui du corps de place, remédie à cet inconvénient; car pour que cela fût, il faudroit que la crête de ce glacis ou parapet de caponnière n'eût pas moins de 27 pieds de haut, c'est-à-dire, la hauteur même de la contrescarpe. Il est donc clair qu'au moyen de votre beau relief, vous n'avez fait que préparer vous-même à l'ennemi (qui, par une nuit obscure, tenteroit de vous surprendre, soit par escalade, soit en forçant votre poterne de courtine, soit par l'un & l'autre à la fois) de grandes facilités pour y réussir : car, qu'il parvienne à se glisser dans la place d'armes rentrante du chemin couvert, il y trouve une rampe pour descendre dans le fossé du réduit de cette place d'armes, où déjà il se trouve à l'abri de tous feux, tant par le relief de ce réduit que par celui de la demi-lune; de là il descend dans le fossé de la demi-lune, & le point où il y a abordé est complétement à l'abri du feu du corps de place; il ne lui reste plus ensuite que quelques pas à faire, en se coulant le long de la gorge de la demi-lune, pour parvenir à ce bienheureux *Mont-pagnote*, ou pour mieux dire, *fond-pagnote*, de 46 toises de large, qui l'attend au milieu du fossé de la courtine.

Il ne faut pas, au reste, croire que ces espaces morts ou libres du feu des ouvrages de la place, ne soient dangereux que dans une attaque irrégulière ou de surprise : ils le sont encore davantage dans une attaque régulière, des corps de troupes de l'assiégeant y pouvant de nuit attendre sans risque, & dans le meilleur ordre, le signal pour l'assaut de quelque brèche à portée. C'est même une circonstance que je me rappelle d'avoir ouï conter au général Filley (1), d'un siège de la guerre de Flandre de 1744 à 1748, où il avoit placé de cette

(1) Directeur des fortifications à Thionville, & lieutenant-général des armées, grade auquel il n'étoit parvenu qu'à force de mérite & de services, car il n'étoit rien moins qu'intrigant & adroit à faire sa cour; au contraire, sa rigidité dans le service & dans les principes de son métier avoit quelquefois nui à sa fortune militaire. Quelque pressé qu'on fût d'avoir son avis, il falloit, pour qu'il pût se résoudre à le donner, qu'il s'entourât de plans, de profils & de nivellemens; &, tandis qu'il ramassoit labo-

manière, pour attendre le moment de donner un affaut, plufieurs compagnies de grenadiers dans le foffé d'une demi-lune, où l'ennemi, malgré un très-grand feu, ne leur fit pas le moindre mal.

Indiquons, avant d'aller plus loin, le moyen de remédier à cet inconvénient : c'eft, ainfi que nous l'avons pratiqué dans notre livre V, de porter la plongée du parapet jufqu'à un pied par toife ; alors il ne refte plus dans le foffé de la courtine qu'un efpace de 17 à 18 toifes de large, qui ne foit point atteint par le feu de l'un ou de l'autre flanc, & par conféquent qu'un efpace de 5 à 6 toifes de largeur dans le milieu du foffé, où des hommes ne feroient pas touchés par la moufqueterie de ces flancs. Mais il feroit bien facile d'enlever encore à l'ennemi ce dernier avantage, en pratiquant dans la largeur du foffé, perpendiculairement au milieu de la courtine, une élévation de 9 pieds, terminée de part & d'autre par une pente de 9 toifes de bafe ; car alors il n'y auroit rien dans le foffé, rien même de la furface de ce foffé, qui ne fût vu des flancs. D'un autre côté cette élévation du milieu du foffé de la courtine ferviroit à couvrir, d'une quantité de terre fuffifante pour la mettre à l'épreuve de la bombe, la communication fouterraine (1) que

rieufement tout cela, & qu'il rédigeoit fuivant toutes les règles de l'art l'avis ou le projet qu'on lui avoit demandé, on avoit eu le temps ou de fe refroidir fur ce projet, ou d'en adopter un autre que quelqu'un de plus alerte, moins jaloux de ne donner que du bon, avoit préféré. Il y a des pays où faire leftement la fottife qu'on vous demande mène bien plus droit à la fortune que le plus beau travail qui contredit les premiers aperçus d'un homme en place, ou qui feulement, pour être bien fait, aura le défaut de s'être trop fait attendre.

(1) La communication fouterraine, ainfi couverte en glacis de part & d'autre, feroit plus indeftructible encore que celle de notre livre V ; elle ne laifferoit pas non plus d'abri de part & d'autre, comme celui de 3 à 4 pieds

dans notre livre V nous fubftituons à la caponnière, que nous avons prouvé être une communication auffi périleufe que précaire dans la conjonéture pour laquelle feule elle eft établie, c'eft-à-dire, pour celle où l'affiégeant eft parvenu fur les faillans du chemin couvert de part & d'autre. La communication fouterraine comprenant alors & enfermant fous terre l'entrée de la poterne fous la courtine, cette entrée ne pourroit plus être forcée du fond du foffé, & ce feroit dans le réduit de la demi-lune (de Cormontaingne) où elle aboutiroit, qu'il faudroit que l'ennemi en allât chercher l'entrée; mais ce réduit n'ayant plus d'efcalier de gorge, dont il n'auroit plus befoin, ne pourroit plus être abordé que par efcalade, ou par les détours de fes communications fouterraines avec la demi-lune & de celles qu'on pratiqueroit de cette demi-lune au foffé du corps de place : là on pafferoit l'embouchure des foffés de la demi-lune à l'abri des caponnières qui les traverfent, ou mieux encore, fouterrainement fous ces caponnières, pour parvenir aux réduits de places d'armes rentrantes & de là dans le chemin couvert.

de hauteur, qui fe trouve dans les petites caponnières à ciel couvert, que nous avons adoffées à la grande. C'eft donc une correction à faire à celle-ci, d'autant meilleure que ces petites caponnières ne font nullement néceffaires à la communication avec le chemin couvert, ni à la retraite de celui-ci, qui fe feroit d'une manière plus courte & plus commode de chaque efcalier de la contrefcarpe droit au petit foffé qui fépare la tenaille du baftion. Il faudroit, à la vérité, dans ce cas pour la communication de la tenaille avec la place, une defcente de l'intérieur de cet ouvrage à la grande communication fouterraine, laquelle, au moyen de tous ces changemens, formeroit une correction avantageufe à la caponnière de mon livre V, correction que je prie le lecteur de vouloir bien adopter, fi toutefois il eft de mon avis.

D'un autre côté le fond du foffé de la demi-lune feroit alors atteint à 44 toifes de la crête du parapet des faces des baftions, ou à 22 toifes à peu près de fon embouchure dans le foffé du corps de place, ce qui demanderoit à cette embouchure un reffaut de 22 pieds, allant, en galerie d'un pied de pente par toife, regagner le fond du foffé de la demi-lune, pour qu'il n'y eût pas un point de ce foffé qui ne fût atteint du feu des baftions; mais un reffaut auffi confidérable, quand même on le diminueroit de 2 ou 3 pieds, comme on le pourroit fans trop d'inconvénient, réduiroit à trop peu de chofe le relief de la gorge des réduits des places d'armes rentrantes, & les expoferoit à être emportés de vive force & par la même attaque avec le chemin couvert.

Mais en même temps ce reffaut, eût-il 22 pieds, n'empêcheroit pas les batteries que l'affiégeant auroit établies fur le faillant du chemin couvert de la demi-lune, de battre en brèche les faces des baftions, fur la moitié à peu près de la hauteur de leur revêtement, ce qui pourroit bien donner des brèches praticables, fi furtout on en renforçoit les déblais par ceux du reffaut lui-même, renverfé par des mines un peu fortement chargées dans cette vue. C'eft cette dernière confidération & celle furtout de l'avantage qu'il y auroit à faire détailler à l'affiégeant la demi-lune & fes réduits, par des attaques fucceffives, avant qu'il puiffe feulement fonger à fe loger fur le chemin couvert du corps de place, qui nous ont portés, dans notre livre V, à détacher totalement & à avancer au-delà du chemin couvert du corps de place notre demi-lune & fon chemin couvert, & nous perfiftons à penfer que ce changement de pofition, déjà depuis long-temps adopté à l'égard des grands ouvrages extérieurs, sera, si l'on se décide à l'adopter aussi à l'égard de la demi-lune, un second pas de fait dans la fortification, d'une importance plus grande encore, & d'une influence évidemment plus usuelle & plus générale que le premier.

Mais il convient peut-être, avant d'aller plus loin, d'examiner si la plongée d'un pied par toise, que je propose pour les parapets des places, n'a pas d'inconvéniens ; car, pourquoi dira-t-on, ne donne-t-on communément que 2 pieds de plongée à un parapet de 8 pieds de haut ? c'est sans doute, afin qu'il reste toujours toute l'épaisseur du parapet entre le boulet de l'assiégeant & le sommet de la tête des plus grands d'entre les assiégés placés sur le terre-plein. Il se pourroit en effet que ce fût là le motif qui a fait fixer à 2 pieds la plongée des parapets des places de guerre ; mais il est évident qu'en cela on a passé le but : car le canon de 24, tiré avec une charge de 9 livres de poudre, à 30 toises de distance, contre un parapet, n'y enfonce son boulet que de 12 pieds, & même on peut regarder cet enfoncement comme le plus fort qu'il soit possible de produire à cette distance, avec quelque charge que ce soit, puisque 13 coups tirés à la même distance, avec 9, 12 & 14 livres de poudre, n'ont donné que 9 pieds d'enfoncement moyen. (*Aide-mémoire à l'usage des officiers d'artillerie de France*, 2.ᵉ édit. *Paris, Magimel*, 1798, *p.* 841.)

Or ce coup de canon, du plus grand effet possible, frappant à 2 pieds au-dessous de la crête d'un parapet de 18 pieds d'épaisseur & de 3 pieds de plongée, y auroit, s'il étoit tiré horizontalement, toujours 12 pieds 8 pouces d'épaisseur de terre à percer, à cause du répaississement causé par le talus intérieur, du tiers de la hauteur de ce talus, & par conféquent de 8 pouces dans cet endroit; & s'il étoit tiré tant foit peu de bas en haut, il n'auroit jamais moins de 12 pieds de terre à percer : or, dans le premier cas, dirigé au fommet de la tête de l'homme le plus grand, placé fur ce terre-plein, il n'y pénètreroit pas; & dans le fecond cas, s'il y pénétroit, il pafferoit au moins de 2 pieds au-deffus de la tête de ce même homme. (1). Les coups venant de loin, au contraire, & plongeant vers la fin de leur courfe pour écréter le parapet, n'auroient pas à beaucoup près autant de force que celui qui vient de nous occuper ; &, fuppofé qu'ils euffent encore celle de percer 6 pieds d'épaiffeur de terre, ils pafferoient encore de près d'un pied trop haut pour atteindre l'homme le plus grand placé fur le terre-plein. Il n'y a donc à cet égard rien à craindre de la plongée portée à un pied par toife.

Mais, dira-t-on, pour tirer fuivant cette plongée, le fufilier fera forcé de fe trop découvrir. Il fera en effet forcé de fe découvrir d'un pouce ou deux de plus que fi la plongée n'étoit que de 8 pouces par toife; mais enfin ne vaut-il pas mieux fe découvrir d'un pouce de plus & voir tout fon foffé, que de demeurer couvert de ce pouce de plus, & de ne voir que la moitié du foffé ? On fe plaint déjà au refte, affez généralement, que la hauteur de 4 ^{pi} 6 ^{po}, fixée aux parapets par-deffus leur banquette, eft trop forte, quand bien même cette hauteur fe réduiroit à 4 ^{pi} 4 ^{po}, joignant le talus intérieur du parapet. Nous penfons donc qu'il ne faudroit pas que le relief du parapet

(1) Coëhorn étoit fi convaincu du peu d'effet de ces coups tirés de bas en haut contre fes parapets, qu'il ne donnoit à ceux-ci que 6 pieds de hauteur au-deffus du terre-plein.

sa banquette, fût de plus de 4 ᵖⁱ 2 ᵖᵒ joignant le talus du parapet, & de plus de 4 ᵖⁱ 3 ᵖᵒ joignant celui de la banquette, lorsque ce parapet auroit un pied de plongée par toise.

 Quoi qu'il en soit, cette plongée d'un pied par toise, une fois donnée au parapet des faces des bastions, permet de rapprocher la contrescarpe jusqu'à 10 toises si l'on veut de l'escarpe, parce que les coups tirés sous cette plongée iront encore alors porter au pied de la banquette du chemin couvert, ce qui est tout ce qu'il faut. La crête du chemin couvert, alors plus rapprochée du rempart, s'en trouve mieux défendue, &, à commandement égal, permet bien plus de découverte aux faces des bastions. Les glacis en deviennent plus roides, sans pour cela se dérober au feu du rempart, en sorte que les cavaliers de tranchée de l'assiégeant exigent une plus grande hauteur pour plonger dans le chemin couvert, & deviennent même en quelque façon impossibles à faire, si, en abaissant les rentrans du chemin couvert de 2 pieds de plus que les saillans, on en dirige les branches à *l'angle de défense* des flancs collatéraux ; ce qui expose ces cavaliers, ainsi que tout autre logement cheminant le long de ces branches, au feu d'enfilade & d'écharpe à revers de toute la longueur des flancs de bastions vers lesquels ces branches se dirigent & descendent. Si donc on donne aux bastions un commandement de 10 à 12 pieds sur la crête d'un semblable chemin couvert, tel à peu près que celui du corps de place de notre livre V, il y opèrera autant d'effet pour la découverte à prendre par ses bastions sur le terrain des approches, qu'un commandement de 20 à 24 pieds qu'on leur donneroit, dans un tracé à la Cormontaingne, sur un chemin couvert à grandes places d'armes avec réduits dedans,

Essai général de fortific. T. IV.

& ne donnera cependant que moitié moins de prife à l'artillerie afliégeante; en forte que nous aurons par là à peu près concilié ces deux points, qui au premier coup d'œil femblent inconciliables, *de donner à la fortification la découverte la plus complète de l'affiégeant, & de refufer à l'affiégeant une découverte trop entière de la fortification.*

Il faut même ici que j'avoue que je ne vois de but réel au commandement des ouvrages les uns fur les autres, que de découvrir parfaitement l'afliégeant ; car à quoi fert, par exemple, un commandement de 2 ou 3 pieds d'un réduit fur fa demi-lune, ou de tout autre ouvrage fur fon enveloppe ? Ce qu'il découvre refte caché à la vue au feu de l'ouvrage intérieur : or que fert-il en fortification de voir là où l'on ne peut diriger ni moufqueterie ni canon ? On ne fait par là que montrer à l'ennemi, pour qu'il le tourmente par fes ricochets dès le début de l'attaque, un ouvrage qui ne peut tirer fur lui que par plongée, & qui n'y tireroit pas moins bien quand il n'auroit pas fur l'ouvrage qui l'enveloppe ce commandement de 2 ou 3 pieds.

Mais, dira-t-on, ce commandement n'eft-il pas néceffaire pour donner à l'ouvrage intérieur de l'avantage fur l'extérieur quand l'ennemi s'y fera établi ? Mais où dans cet ouvrage l'ennemi s'établira-t-il ? dans le terre-plein fans doute : eh bien, dans ce terre-plein, en fuppofant les deux ouvrages de niveau, il fera déjà commandé de 8 pieds, ce qui eft bien fuffifant, puifqu'il ne fera féparé de l'ouvrage intérieur que par un foffé de 8 ou au plus 10 toifes.

Mais il fe logera dans l'épaiffeur du parapet de l'ouvrage extérieur, y élevera un parapet de tranchée de 3 à 4 pieds de haut, dominera d'autant, & prendra avantage fur la crête de l'ouvrage intérieur: vous-même, me dira-t-on, avez fait de femblables logemens dans quelques-unes de vos attaques. J'en ai fait, j'en conviens, pour prendre à revers quelque chemin couvert, ou quelque coupure fans défenfe de ce côté, & pour les faire par conféquent abandonner à l'affiégé : mais loin que de pareils logemens puffent prendre quelque avantage fur des ouvrages qui leur font face, ils auroient le défavantage évident de s'expofer fans artillerie, puifque l'efpace leur manque pour en recevoir, de s'expofer, dis-je, à de l'artillerie tirant fur eux à la portée du piftolet, fans avoir pour s'en couvrir de parapets d'épaiffeur fuffifante, auxquels il manqueroit une bafe. Loin donc de s'élever dans de pareils logemens quand, par quelques motifs tels que ceux pour lefquels j'en ai faits, on a befoin d'en faire ; loin de chercher par là à combattre avec avantage l'ouvrage intérieur, on s'y dérobe au contraire autant qu'on le peut, en s'enterrant & en fe couvrant de la plongée du parapet dans le folide duquel on chemine : & alors il faudroit à l'ouvrage intérieur, pour s'oppofer à tout ceci, bien un autre commandement ; il lui en faudroit un tel que la crête de fon parapet fût dans le prolongement de la plongée de l'ouvrage extérieur, ce qui, à une plongée de 8 pouces feulement par toife, demanderoit déjà 10 pieds de commandement au réduit de Cormontaingne fur fa demi-lune, & lui ôteroit en même temps la vue de la plus grande partie du terre-plein de cette demi-lune, quand bien même on donneroit au parapet du réduit un pied de plongée par toife. Ce n'eft donc pas par les ouvrages intérieurs & enveloppés, mais par les ouvrages latéraux & flanquans, que doivent être vus ces plans de la plongée des parapets des ouvrages extérieurs, fur lefquels il eſt ſi rare qu'un aſſiégeant chemine : ici, pour la demi-lune, ce ſont les faces des baſtions, auxquelles il ſuffit de 2 ou 3 pieds de commandement ſur cet ouvrage pour remplir pleinement cet objet, d'autant que le plan de la plongée du parapet de cette demi-lune ſe préſente de revers en contre-pente au feu des faces des baſtions.

En conſéquence du même principe, je laiſſerois les plans du glacis des grandes places d'armes de Cormontaingne, à raſer & à battre chacun à l'ouvrage qui le flanque, ſans me tourmenter d'élever cet ouvrage à une hauteur telle qu'il pût auſſi raſer l'autre plan de ce glacis, ce qui jetteroit, ſinon dans l'abſurde, du moins dans l'énorme & par conſéquent dans l'inexécutable : ſeulement, pour démaſquer à la face du baſtion, la queue du glacis de la demi-lune, & en même temps à la demi-lune la queue du glacis du baſtion, je raccourcirois de 7 à 8 toiſes celle des faces de la place d'armes rentrante, qui eſt flanquée par la demi-lune, & tirerois de ſon angle ſaillant, ainſi déterminé par ce raccourciſſement, ſon autre face parallèle à la branche du chemin couvert de la demi-lune, & par conſéquent plus oblique au baſtion qui la flanque. Par là, aux dépens ſeuls de la régularité de cette place d'armes, ſeroit conciliée la hauteur modérée du baſtion & de la demi-lune, avec la découverte que ces ouvrages doivent prendre ſur la queue du glacis l'un de l'autre. Je n'ai pas au reſte beſoin de cet accommodement pour le tracé de mon livre V, où la place d'armes arrondie du centre ne donne lieu à aucun embarras de cette nature. On pourroit à la vérité croire que la crête de l'extrémité du chemin couvert de ma demi-lune, la plus proche de la place, masqueroit presque autant le pied du glacis de cet ouvrage à la face du bastion, que le masque à la face du bastion de Cormontaingne la crête de sa grande place d'armes rentrante; mais, au moyen de ce que j'ai supprimé dans cet endroit la place d'armes, la queue du glacis de ma demi-lune est parfaitement vue de la face du bastion, & l'est encore mieux, ainsi que les pans de ce glacis qui pendent vers la place, par les flancs hauts & bas des réduits collatéraux des demi-lunes, & même encore par les flancs des bastions collatéraux à ceux du front auquel appartient la demi-lune: les autres pans fort étroits de ce glacis qui pendent vers la demi-lune, ne sont même point absolument abandonnés à la seule action du feu de cet ouvrage; car ces *pans*, qui ne sont point *plans*, ne se dérobent point, ou que très-peu, aux feux latéraux, attendu l'exhaussement des gouttières & le ravalement des arêtes de tout ce glacis de demi-lune. Voyez pl. 61, fig. 1.

Je me résume donc, & dis que le commandement n'est essentiel à exercer que sur des emplacemens assez spacieux pour que l'ennemi puisse s'y établir solidement & avec de l'artillerie: tels sont les terres-pleins d'ouvrages, les glacis, la campagne. Là tout le commandement qu'il est possible de prendre sans nuire à d'autres propriétés tout aussi essentielles, sans créer d'espaces *morts* & vides de feu, sans découvrir ses revêtemens, sans étaler toutes ses défenses & les mettre à la fois en butte à tous les feux de l'artillerie assiégeante; là, dis-je, tout le commandement qu'il est possible de prendre est bon, est utile, est constamment avantageux: mais un commandement sur d'étroits parapets où l'ennemi ne peut s'établir, commandement forcément restreint à 2 ou 3 pieds, ne peut mener à rien qu'à jouir, par-deſſus le parapet commandé, de la vue de la campagne, mais non de la faculté de faire feu ſur cette campagne ; car avec ſi peu de commandement on ne démaſqueroit point le canon de l'ouvrage intérieur en batterie dans ſes embraſures. On démaſqueroit à la vérité la mouſqueterie ; mais pour en faire uſage il faire taire celle de l'ouvrage extérieur, laquelle, agiſſant de plus près que la première, eſt évidemment d'un meilleur effet.

En général, le commandement, tel qu'il eſt maintenant uſité, d'un ouvrage intérieur ſur celui qui l'enveloppe, eſt toujours, à mon avis, ou trop ou trop peu : trop peu, ſi l'ouvrage extérieur ou enveloppe n'a pas aſſez de largeur pour recevoir du canon & porter batterie, car alors il faut que l'ouvrage intérieur le remplace à cet égard & défende par ſon canon la crête du chemin couvert en avant de l'enveloppe ; on peut revoir ce que nous avons eſſayé de régler à cet égard en traitant des contre-gardes. Mais ſi l'ouvrage extérieur, au contraire, porte batterie, le commandement de 2 ou 3 pieds de l'ouvrage intérieur eſt de trop ; car, ſans lui faire, je ne dis pas rien voir mais rien battre de plus, il le fait dès le début du ſiége enfiler par les ricochets, & écréter par les coups de plein fouet de l'aſſiégeant, qui ainſi le trouve déjà tout délabré quand par le progrès de ſon attaque il en vient à avoir immédiatement affaire à lui.

Tout réduit donc, ouvrage intérieur ou enveloppé, retranchement même de baſtion dont l'enveloppe porte batterie, vaudra à mon avis beaucoup mieux, tenu au même niveau que ſon enveloppe, qu'avec ce commandement *de vue* & non *de feu*, qui ne ſert qu'à le trahir. L'enveloppe au contraire eft-elle trop étroite pour porter batterie? l'ouvrage enveloppé, réduit ou retranchement, ne peut plus fe contenter d'un commandement de vue, il lui en faut un de feu, & furtout de feu de canon. De combien doit être ce commandement? c'eſt ce qu'on ne peut dire précifément, ni d'une manière générale & abfolue : cela dépend de la largeur des foſſés qui féparent l'ouvrage extérieur, tant du chemin couvert en avant que de l'ouvrage intérieur en arrière; cela dépend encore du commandement de cet ouvrage extérieur fur la crête de fon glacis & fur le terrain au pied de ce glacis; cela dépend même auſſi de la pente plus ou moins roide de ce glacis. En général, la fortification veut être raifonnée pour chaque cas, & non réglée par tables & par nomenclatures; & fouvent les mêmes ouvrages peuvent & doivent être ou de niveau entre eux ou fe commander l'un l'autre de 5, de 7 ou de 9 pieds, fuivant telles ou telles circonſtances, & non fuivant tel rapport de dénomination ou même de pofition, par lequel on auroit imaginé de régler à l'avance ce commandement pour tous les cas.

Mais du moins les terre-pleins, me dira-t-on, finon les parapets de vos demi-lunes détachées, devroient, ainſi que les crêtes de leurs chemins couverts, être foumis au commandement du chemin couvert du corps de place; car les logemens & les batteries qu'on établira dans ces terre-pleins & fur ces crêtes, commanderont & plongeront de 3 ou 4 pieds qu'ils auront de hauteur de parapet ou d'épaulement, la crête de ce chemin couvert de votre corps de place. Mais tant s'en faut que ces logemens commandent & plongent ce chemin couvert, que les plans de la crête de celui-ci paſſeront toujours à plus d'une toife au-deſſus du fommet des plus rapprochés de ces logemens : & quel avantage peut donner à un fufilier cette fupériorité de quelques pieds de hauteur, qui ne lui fait rien découvrir fur un autre fufilier également bien couvert, fi ce n'eft mieux, par le parapet ou glacis qu'il a devant lui? Sommes-nous donc encore au temps où l'on fe battoit à coups de pierres & de traits lancés à la main? Alors, j'en conviens, une fupériorité de quelques pieds pouvoit être comptée pour quelque chofe ; mais ce n'eft plus le cas aujourd'hui, avec nos fufils qui n'atteignent & ne tuent pas moins bien en montant de quelques pieds, qu'en defcendant de la même quantité.

Au furplus, le parapet du corps de place domine ces terrepleins & ces crêtes de chemin couvert, les premiers conftamment de 10 pieds, & les dernières de 10 à 12 : ainfi les logemens & les batteries qu'y établira l'ennemi, feront toujours commandés, &, ce qui eft effentiel, commandés par de l'artillerie qui pourra jouer en même temps que la moufqueterie & même que l'artillerie du chemin couvert du corps de place, auquel fon prétendu défaut de commandement vaudra cet avantage effectif. D'ailleurs les branches du chemin couvert de la demi-lune, ou pour mieux dire, les lignes de crête de ce chemin couvert, pendant chacune de 2 pieds vers l'ouvrage qui la flanquée, cette contre-pente fera, en faveur de cet ouvrage flanquant, l'effet du plus fort commandement, & livrera pleinement aux coups du baftion le couronnement de celles des crêtes de ce chemin couvert qui font face à la demi-lune, & aux coups de la demi-lune, le couronnement de celles qui font face au baftion.

Je conviens bien qu'il eft effentiel que partout où l'affiégeant fe préfente pour s'établir dans vos ouvrages, il y foit
commandé

commandé & battu de votre artillerie avec avantage: mais il n'eſt nullement néceſſaire & ſouvent même nullement poſſible qu'il le ſoit de tous les ouvrages & chemins couverts que vous occupez encore; car, pourvu que ceux-ci ſoient défilés des logemens de l'ennemi par quelque plan de défilement particulier, ils ne feront réellement point commandés par ces logemens & n'auront à cet égard ſur eux aucun déſavantage (1).

Maintenant que j'ai agité les queſtions du relief & du commandement des remparts ſur le fond des foſſés, des ouvrages ſur ceux qui les enveloppent & ſur leur chemin couvert, & enfin de ceux-ci ſur les ouvrages détachés, je bornerai là ce que j'avois à dire ſur le relief & le commandement de la fortification. Le peu que je puis avoir dit de neuf ſur cette matière ſi rebattue, ne préſentera déjà que trop d'héréſies aux yeux des méthodiſtes & des croyans ſur parole : aux yeux des raiſonneurs, qui ne priſent une propriété, quelque vantée

(1) Si je me contente de dire qu'ils n'en ſeront point commandés & qu'ils n'auront ſur eux à cet égard aucun déſavantage, c'eſt parce que leurs plans de défilement ne font point parallèles à ceux des ouvrages ſur leſquels eſt logé l'ennemi, & qu'en conſéquence ils n'en font que défilés, ſans les *commander artificiellement*, comme ils le feroient ſi leurs plans de défilement, qui paſſent réellement au-deſſus de ces logemens de l'ennemi, y paſſoient parallèlement au ſol ou à la baſe de ces logemens. Mais, ſi cela eſt, dira-t-on, les logemens de l'ennemi commandent donc ces ouvrages qui ne les commandent pas même artificiellement, & qui ſont partout réellement plus bas qu'eux ? Non : ſeulement ces logemens en ſont défilés, & les logemens & ces ouvrages plus bas qu'eux ſont réciproquement défilés les uns des autres, par des plans de défilement, qui, après s'être coupés mutuellement, vont chacun paſſer au-deſſus du poſte occupé par leur ennemi reſpectif. Ces ouvrages & ces logemens ne font donc point commandés les uns par les autres & n'ont à cet égard, les uns ſur les autres, ni avantage ni déſavantage.

Eſſai général de fortific. T. *IV.*

qu'elle puisse être, que ce qu'elle vaut réellement pour le but auquel on la destine, j'aurai peut-être assez dévoilé le fort & le foible des idées reçues, pour faire naître en eux ce doute heureux qui mène à la découverte de la vérité. Qu'on ne m'accuse point, au reste, ici ni dans mon livre V, de contradiction avec moi-même & avec le reste de mon ouvrage ; car alors je traitois de la fortification telle qu'elle existe, & j'en développois les moyens, c'est-à-dire les divers ouvrages dans tous les rapports qui sont établis entre eux, avec les motifs plus ou moins valables qu'on en donne, sans faire pressentir que bien foiblement les défauts que j'y entrevoyois. Ici, au contraire, & dans mon livre V, où j'ai pour objet de rechercher ce qu'il peut y avoir encore à tenter pour perfectionner l'art de fortifier les places, je ne fais grâce à rien ; je dis ce que je désapprouve & propose ce que je crois meilleur à mettre à la place, avec la même franchise, ou si l'on veut, la même audace. En quoi j'ai tort, & en quoi j'ai raison, c'est ce que m'apprendront le jugement des hommes de l'art, c'est-à-dire des ingénieurs, celui des militaires éclairés de toutes armes, &, en dernier ressort, celui du public.

F I N.

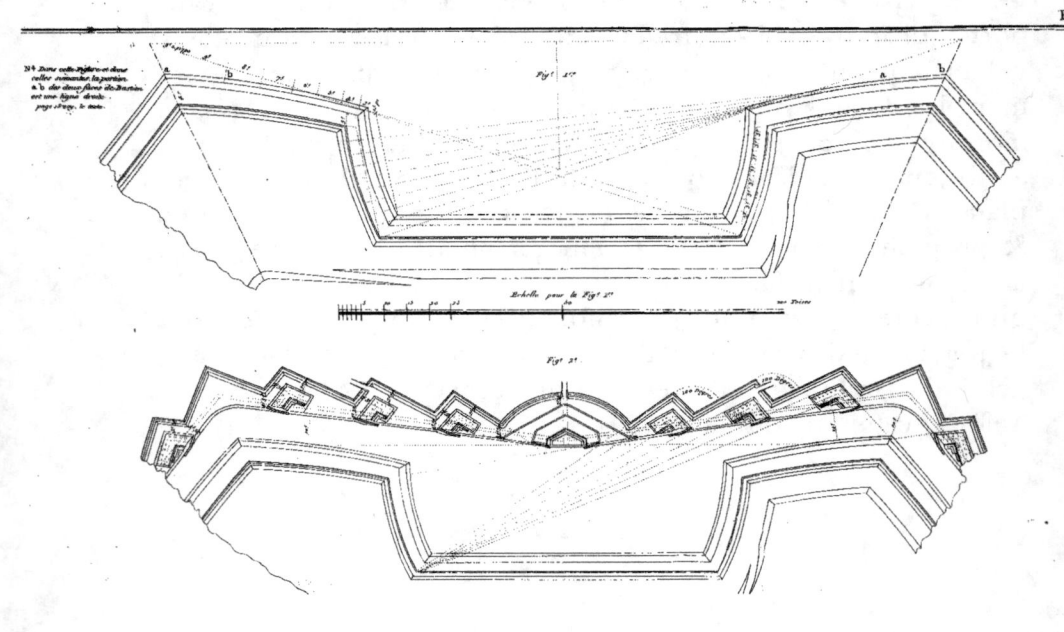

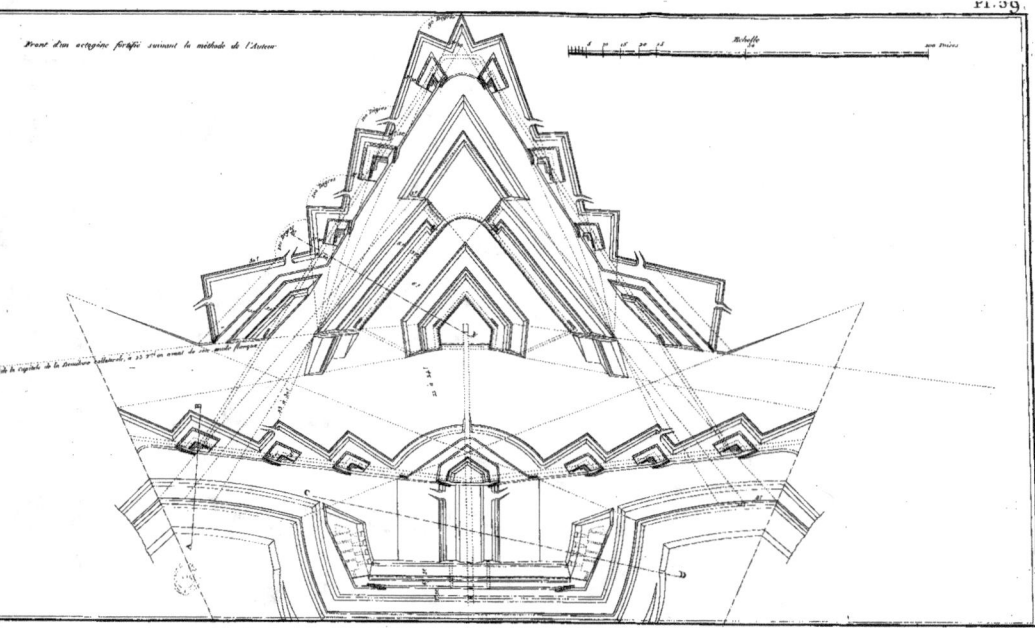

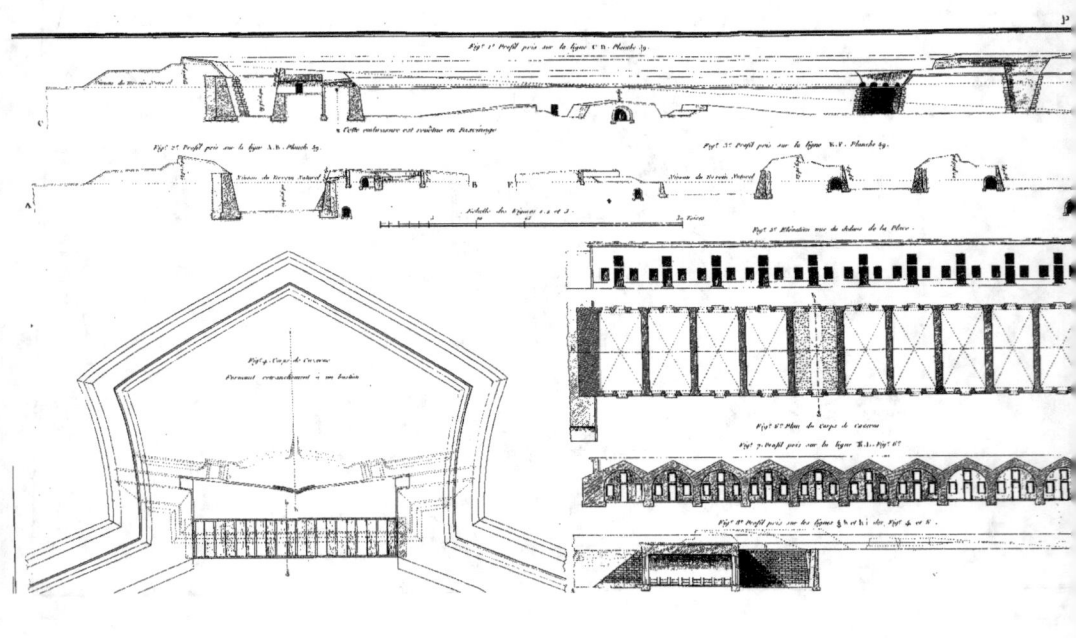

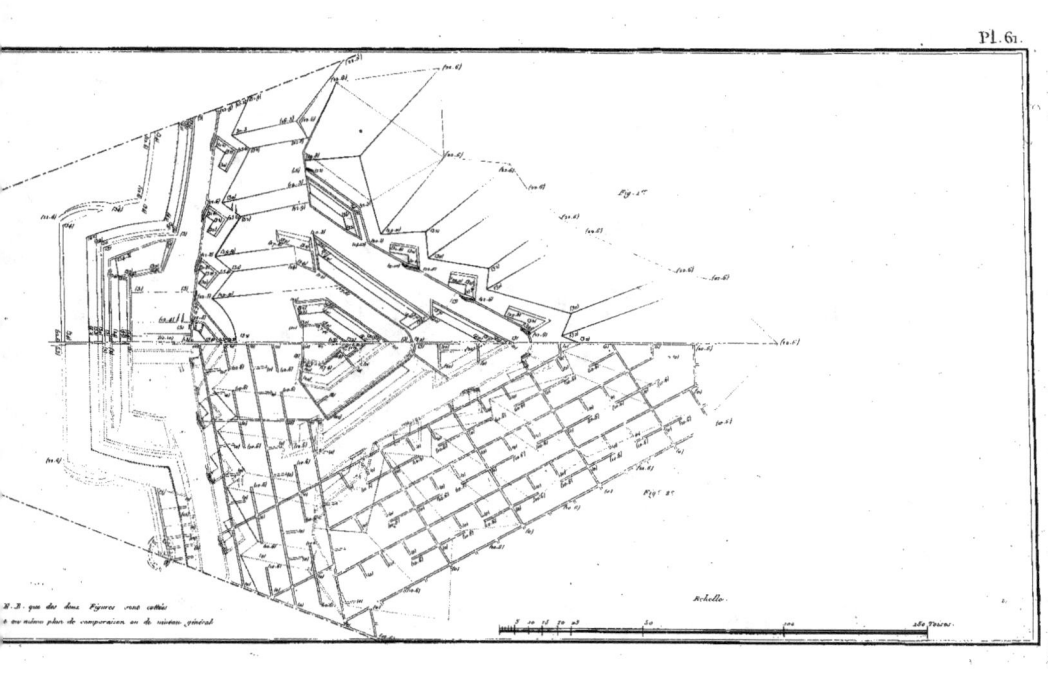

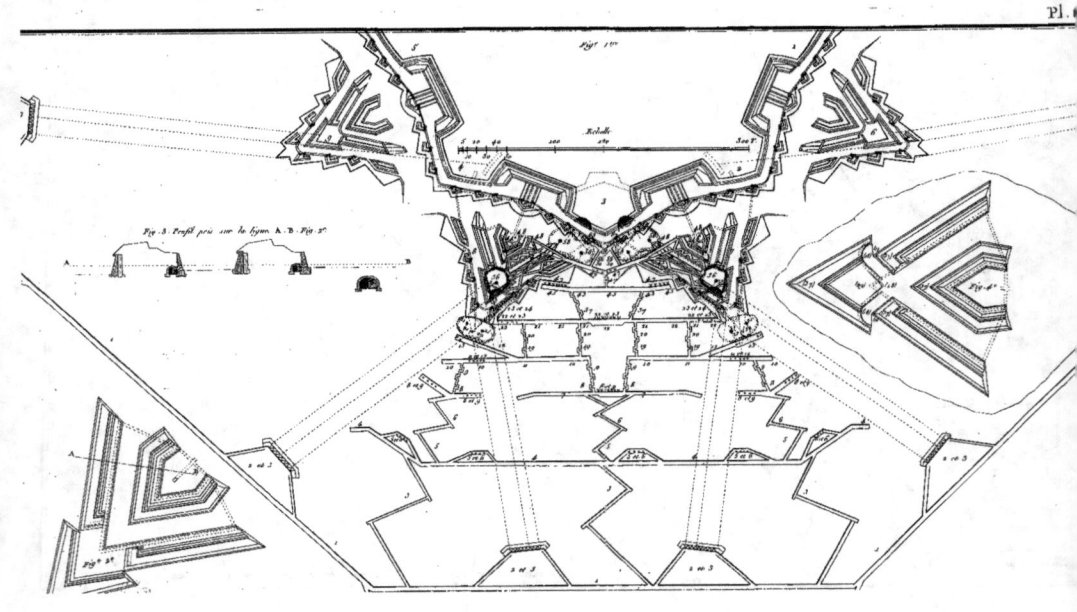

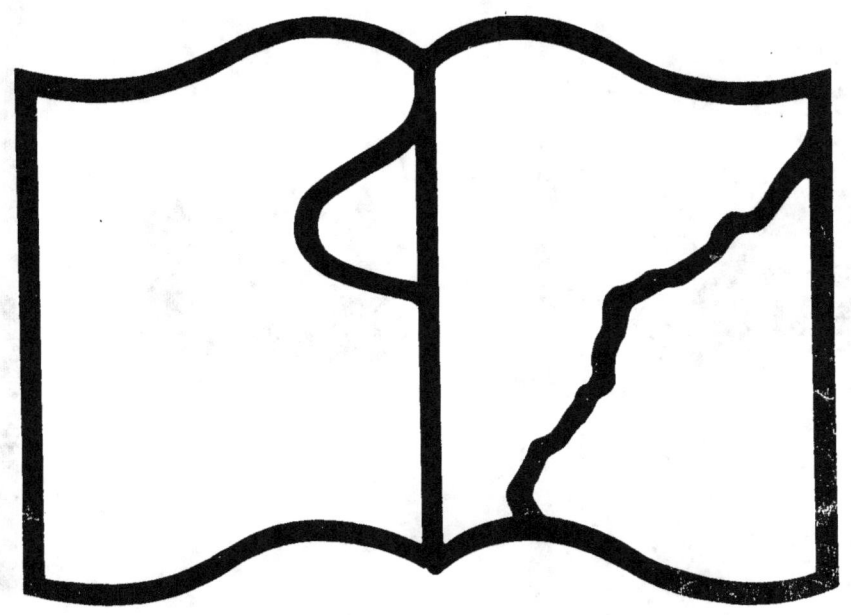

Texte détérioré — reliure défectueuse

NF Z 43-120-11

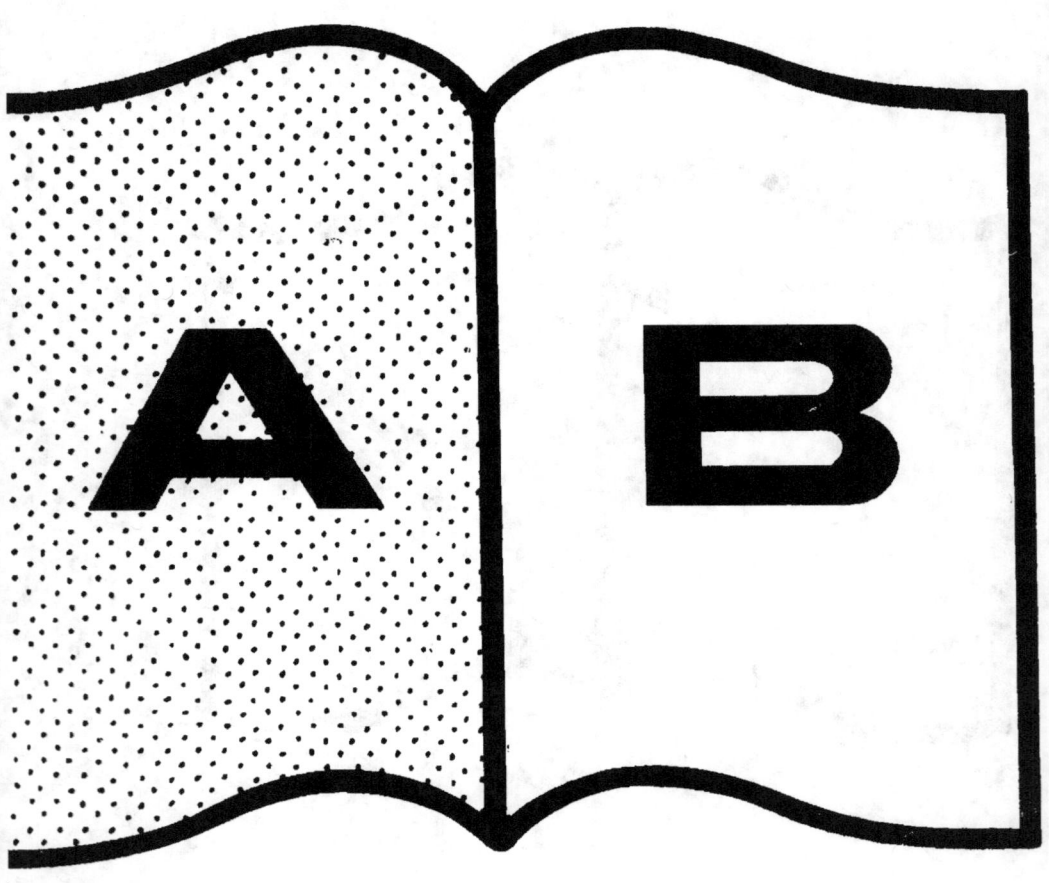

Contraste insuffisant

www.ingramcontent.com/pod-product-compliance
Lightning Source LLC
Chambersburg PA
CBHW052251220526
45471CB00001B/294